데저트 리더십

데저트 리더십

1판 1쇄 인쇄	2025년 6월 16일
1판 1쇄 발행	2025년 6월 30일

지은이	홍재훈
펴낸이	정원우
편집	이원석, 민지현
디자인	홍성권

펴낸곳	어깨 위 망원경
출판등록	2021년 7월 6일 (제2021-00220호)
주소	서울시 강남구 강남대로 118길 24 3층
이메일	book@premiumpublish.com

ISBN	979-11-93200-16-2 03320

ⓒ2025, 홍재훈 All rights reserved.

이 책은 저작권법에 따라 보호받는 저작물이므로 무단전재와 무단복제를 금지하며,
이 책의 내용을 이용하려면 반드시 저작권자와 본사의 서면동의를 받아야 합니다.

DESERT LEADERSHIP
데저트 리더십

홍재훈 지음

어깨 위 망원경

프롤로그 Prologue

한밤의 호출

늦은 밤 11시경, 전화가 울렸다. 평소라면 방해 금지 모드를 설정해두었기에 전화가 온 줄 몰랐을 테지만, 마침 그 순간 전화기를 보고 있었다. 반가운 현지 친구의 이름이 휴대폰 화면에 떠서 늦은 시간이었지만 전화를 받았다.

"지금 다른 도시에 사는 형네 집으로 놀러 가려고 하는데 같이 갑시다. 곧 픽업 하러 갈 테니 바로 준비하세요."

지금 바로 여행을 가자는 뜻밖의 제안이었다. 한편으로 귀찮은 마음이 들기도 했지만, 다른 한편으로 평소 현지 문화를 깊이 알기 원하던 내게는 매력적인 기회로 여겨졌다. 더욱이 이렇게 급작스러운 제안을 편하게 던지는 것을 보고 현지 친구가 나를 그들의 부족원처럼 여겨주는 것처럼 느껴져서 한편으로는 기분이 좋았다. 그래서 한 치의 망설임 없이 승낙했다. 다행히도 아내는 이해심이 많고 하려는 일을 늘 지지해 주었다. 자녀들 또한 늦은 밤 외출하는 아빠를 보고 부정적으로 보기보다는 현지 문화를 존중하는 과정으로 받아들이는 성숙한 면모가 있었다. 그렇기에 가족들에게는 선결정 후통보를 하였다.

이후 급하게 짐을 싸기 시작했다. 하루 머물 예정이니 밤에 잘 때 입을 여벌의 옷, 다음 날 현지인들과 함께할 때 입을 현지 전통 의상, 그리고 세면도구 정도만 챙기면 충분했다. 짐을 꾸리자 친구는 이내 도착했고 200여 km가 넘게 떨어진 도시를 향해 출발했다. 우리는 한가한 새벽 도로를 고출력의 차량 엔진을 뿜내며 최고 허용 속도에 맞추어 달렸다. 도시의 불빛이 희미해지고, 사막의 고요한 새벽 공기가 차 속을 가득 채웠다. 그렇게 한참을 달려 형네 집에 도착했다. 그곳에는 이미 다른 현지 친구들이 모여 있었다. 그들과 함께 새벽의 문화를 즐기면서 이야기꽃을 피우다가 동이 트기 전 잠을 자기로 했다. 그런데 모인 인원에 비해 침대는 턱없이 부족하여 어떻게 잠자리를 배정할지 고민이 되었다. 사실 이 고민은 나만 한 것 같았다. 그들에게는 별문제가 되지 않게 보였고, 소파든 바닥이든 빈 곳이라면 어디든 침상이 되어 다들 자연스럽게 자신만의 잠자리를 확보했다.

잠을 자기 전 나는 평소처럼 여벌의 옷으로 갈아입으려 했다. 하지만 문득 둘러보니, 옷을 갈아입으려는 사람은 나뿐이었고, 다들 그날 입고 있던 그대로 누웠다. 혼자만 미운 오리 새끼처럼 외국인 티를 내고 싶지 않아 나도 옷을 갈아입는 것을 생략하기로 했다. 간단히 양치질만 하고 그대로 잠자리에 들었다.

눈을 감고 잠을 청하려는 순간, 여행을 대하는 태도가 사뭇 다른 나와 현지 친구들의 차이에 대해 문득 생각해 보게 되었다. 나는 평시에 여행을 많이 다녀, 최소한의 짐만 간소하게 꾸리는 데는 달인이라고 자부했었다. 그러나 이 현지 친구들을 접하니 나보다 더 간소하게 다녔다. 강적을 만난 느낌이었다. 그들에게 짐이라고는 다음 날 입을 전통 의상 단 한 벌이 전부였다. 맨발에 슬리퍼를 신는 전통 의상의 코디로 양말조차 필요 없었다. 잠자리도 크게 문제 삼지 않았다. 입고 있는 옷이 이불이 되고, 머리를 기댄 것이 베개가 되었다. 누울 수 있는 공간만 있으면 충분해 보였다. 이보다 더 단순할 수 있을까?

이 친구들을 보며 옛날 옛적 사막을 횡단했던 사람들이 연상되었다. 나는 내가 챙긴 물품들이 정말 최소한이라고 생각했지만, 이 중에서도 더 줄일 수 있는 불필요한 것이 있지는 않았을까? 혹시 내가 챙긴 것 중 일부는 미래의 불확실한 상황에 대비해 불안한 마음을 덜어주기 위한 용도 외에는 쓸모가 없는 물품은 아니었을까? 혹은 불필요한 물품의 필요성을 스스로 정당화하는 변명에 속고 있었던 건 아닐까? 사막의 친구들은 내가 가진 물품에 대해 재고할 계기를 주었다.

사막에서의 삶의 방식

사막에서는 불필요한 짐이 오히려 생존을 방해한다. 무거운 짐을 지고 가면 더 빨리 지치고, 체력과 자원을 낭비하게 된다. 그렇기에 필요한 것만을 엄선하여 선택하고 가볍게 이동하는 것이 생존의 기본 원칙이다. 현지인들은 이 단순한 진리를 오랜 시간 사막 환경에서 거주하면서 본능적으로 체득하게 된 것 같다. 그래서 사막의 사람들은 대추야자 몇 개와 물이면 여행의 준비로 충분했다. 특히 대추야자는 미네랄과 철분 등 사막에서 살아남기 위한 필수 영양소를 두루 갖춘 완벽한 식품이다. 소량으로도 공복감을 해소해 줄 뿐만 아니라 높은 칼로리로 즉시 에너지를 공급해 주며, 소화도 쉬워 부담 없이 섭취 가능하고, 특히 칼륨이 풍부하여 땀을 많이 흘리게 마련인 사막에서 전해질의 균형을 유지해 주는데 탁월하다. 또한 부피가 작고 휴대가 간편하며 특별한 장비 없이도 장기간 보관이 쉬워 사막 횡단에 최적화된 식량이다. 외부자들이 볼 때, 이 정도만 있어도 괜찮을까 하는 우려가 생길 정도로 사막인들의 소지품은 단출하다. 반면 외부자는 아무래도 이와는 다른 관점을 지닌 것 같다. 그 지역에서 오랫동안 통용된 전통적인 방식이나 도구를 택하기보다는 자신들에게 익숙한 인공적인 장비를 통해 사막을 돌파하려는 것 같다. 물론 생소한 것보다는 아무래도 익숙한 것을 계속 사용하는 것이 좋을 수도 있다. 하지만, 현지 상황에 대한 깊은 고민 없이 기존에 해오던 대로 기계적으로 짐을 꾸리는 경향이 외지인들에게 있지 않나 하는 생각이 들게 된다. 고가의 생존 키트들이 어느 상황에서든 모든 문제를 만능으로 처리해 줄 거라는 믿음을 가지고 계신 분들이 있다. 그러나 이러한 생존 키트의 구성품들은 현지인들의 소지품들에 비하면 확실히 과하다. 솔직히 없어도 될 물품들이 적잖이 포함되어 있다.

그날 밤, 사막의 친구들이 내게 가르쳐 준 것은 단순히 짐을 줄이는 여행의 기술에 대한 것이 아니라, 사물을 바라보는 관점과 삶을 살아내는 방식의 변화에 대한 것이었다. 덕분에 삶의 방식과 관점에 대해 다시 한번 정리하는 시간을 갖게 되었다. 우리는 일상 속에서 많은 것을 소유하려 하지만, 그 욕심이 삶을 더 무겁게 만들 수 있다. 또한 너무 많은 것을 가지려다 정작 중요한 것들을 놓치게 될 때도 많다.

이러한 깨달음은 나를 현지 친구들의 삶 속으로 더욱 깊이 이끌었다. 사막의 혹독한 환경 속에서도 살아남았을 뿐만 아니라, 오랜 세월 자연과 조화를 이루며 살아온 그들의 삶의 지혜와 이야기에 더 귀를 기울이고 싶어졌다. 그리고 그때부터 사막과 또한 이곳을 배경으로 살아온 현지인들을 삶의 스승으로 받아들이게 되었다. 사막을 이웃으로 살아가고 있는 나의 삶에도 사막 안에 숨겨진 보화들을 조금씩 담아내기 시작하면서 이 책이 만들어졌다.

나는 어떻게 사막에 가게 되었나

본격적으로 주제를 다루기 전에 우선 나와 사막의 인연에 대해 들려주고 싶다. 필자가 처음으로 사막 지역으로 가고자 마음을 먹게 된 계기는 아이러니하게도 푸른 초목으로 가득한 동남아시아에 머무르던 시기에 발생했다. 대학 졸업 후, 태국 치앙마이 인근의 깊은 산속에서 거주하던 소수 민족 청소년들의 중등교육을 지원하는 NGO 단체에서 1년간 자원봉사를 하게 되었다.

교육의 기회를 제공함으로써 누군가의 삶이 어디까지 변할 수 있는지에 대한 가능성과 잠재성을 확인할 수 있는 시간이었다. 교육을 받은 청소년들이 각각 자기 삶의 한계를 넘어서, 가족과 마을 전체에 선한 영향을 퍼뜨리는 전환점이자 통로가 되고 있었다. 이러한 경험은 교육을 통해 더 나은 삶을 살 수 있도록 돕는 일에 대한 가치를 더욱 깊이 깨닫게 했다. 또한 나아가 인생의 긴 여정 가운데 이런 일을 계속하고 싶다는 소망을, 더 정확히는 소명을 발견하게 되었다.

태국의 날씨, 친절한 사람들, 맛있는 음식과 여유로운 삶의 리듬은 참 매력적이어서 이곳에서 장기간 머무는 것도 마음속으로 상상해 보았다. 이 무렵 그 지역에서 유사한 사역을 펼치는 다른 기관들이 눈에 들어오기 시작했다. 여전히 일손은 부족하고 섬김을 필요로 하는 사람은 많았지만, 이미 다른 여러 기관으로 인해 어느 정도 시스템과 네트워크가 잘 갖추어진 구조 속에서 필자의 존재란 단순히 '여러 기관 중의 하나'로만 기능할 수 있겠다는 생각이 들었다. 이미 있는 기관들로도 누군가는 도전을 받을 수 있고, 충분히 이를 확장시켜 나갈 가능성이 존재한다고 판단되어, 이 지역보다는 아직 아무도 닿지 않은 곳에 발을 딛고 싶다는 열망이 생겼다. 어느 지역에 가서 이와 유사한 일을 지속할 수 있다면, 아예 이러한 기반이 전무한 곳, 백지와 같은 공간에서 의미 있는 무언가를 처음부터 그려보고 싶다는 결심이 들었다. 그리하여 세계지도를 펼쳐 놓고 5대양 6대주를 찬찬히 살펴보기 시작했다.

그 과정에서 눈에 들어온 지역이 바로 아라비아 반도였다. 당시 세계를 충격에 빠뜨린 9·11 사건과 함께, 이 지역은 편협한 정보와 편견의 확산으로 인해 매우 강한 기피의 대상이 되었다. 그러나 오히려 이러한 장애 요소들이 필자에게는 도전 정신을 자극하는 자양분이 되었다.

석유 자원을 기반으로 한창 개발이 진행 중이던 시기, 아라비아 반도는 텅 빈 사막 한가운데 놓인 도화지 한 장과도 같았다. 수많은 외국인이 꿈을 이루기 위한 발판으로 몰려들고 있는 허브적 요소와, 단순한 경제 성장을 넘어 변화를 향한 열린 태도를 보이는 현지 사회의 전환기적 분위기가 매력적으로 다가왔다. 물론 동남아의 산간 지역처럼 절대적 빈곤이나 교육 인프라의 부재를 마주할 일은 없었다. 그러나 가치 있는 교육에 대한 갈망과 수요만큼은 비록 형태는 달라도 그 본질은 다르지 않다고 판단했다.

이러한 이유로 아라비아 반도에 가겠다고 결심했지만, 그다음은 막막했다. 아직 사막에 도착하기도 전에, 벌써 사막 한복판에 혼자 뚝 떨어진 듯한 기분이 먼저 들었다. 기존 동남아시아에서 사용했던 구제 중심적 접근방식은 이곳에는 어울리지 않아, 마치 모든 발자국이 지워진 사막의 아침에 스스로 방향을 찾아야 하는 상황과도 같았다. 이는 사막의 리더십처럼, 큰 지도를 펼쳐 놓은 듯 막막하고 단 하나의 기준점도 없는 상황에서, 스스로 방향을 설정하고 외부가 아닌 내면에서 동력을 이끌어내야 했던 시간들이었다.

그런 막연함 속에서 필자는 할 수 있는 것부터 찾아 차근차근 시작했다. 대학원에 가서 국제학을 공부해 거시적 차원에서 중동과 아랍 세계를 이해하려 했고, 보다 실제적인 것을 접하고자 이라크 긴급구호팀에 지원하여 직접 이 지역을 경험했다. 이후에도 중동 지역학을 공부하며 미시적 통찰을 더해갔다. 그렇게 내가 접하게 된 흐름에 반응하는 가운데 뚜벅뚜벅 한 걸음씩 앞으로 나아갔다. 시간이 흐른 뒤, 여전히 부족하지만 어느 정도의 준비를 마치고 고국을 떠나 장기적 거주를 위한 결단과 마주해야 했다. 그 결과 세계시민이해교육 컨텐츠를 이 지역의 정서와 문화에 맞춘 '로드마스터'라는 교육 프로그램을 개발하고, 이 프로그램을 근간으로 해서 나름의 쉼터가 될 수 있는 작은 오아시스를 운영하게 되었다. 돌이켜보면, '아라비아 반도로 가고 싶다'는 마음이 움튼 그 순간부터 실제로 사막의 땅에 서 있는 지금까지, 이 여정은 단지 지리적 이동이 아닌 내면의 리더십이 사막의 방식으로 형성되고 내재화되는 시간이었다.

사막과 사막 리더십

이렇게 만들어진 사막 리더십은 사막이라는 혹독한 환경과 그곳에서 살아가는 사람들이 터득한 지혜를 리더십 원리에 빗대어 개인적인 적용으로 재해석한 개념이다.

사막은 극한 환경과 끝없는 도전이 계속 펼쳐지는 곳이다. 뜨거운 태양, 극심한 일교차, 길을 잃기 쉬운 광활한 대지, 제한된 자원 등. 모든 것이 짐이 될 수 있는 사막에서는 생존에 있어 가장 본질적인 것만을 집중적으로 붙잡아야 한다. 그 여정은 결코 녹록지 않다. 목적지에 도달하기 전까지 멈출 수 없는 상황 속에서, 오아시스를 발견하면 그곳에서 계속 머물고 싶은 유혹에 빠지기도 한다. 그러나 사막은 멈추는 자를 용납하지 않는다. 오아시스는 그저 중간 거점인 임시 처소일 뿐이며, 결국 다시 길을 떠나야 하는 곳이다. 이러한 사막의 환경은 도시에서의 안락한 삶에 익숙해진 우리에게 중요한 깨달음을 준다. 도시에서는 당연하게 여겼던 일상의 편리함이 수많은 사람의 수고를 통해 이루어진 것임을 새삼 깨닫게 한다. 그러므로 모든 것에 대한 감사의 마음이 자연스럽게 자리 잡는다. 그러나 깨달음도 잠시일 뿐, 사막은 여전히 숱한 문제와 변수들이 끊임없이 발생하는 곳이다.

결국, 우리는 방향을 잃지 않기 위해 절대 변하지 않는 자연의 진리를 푯대 삼아야 한다. 광활한 사막에서 별과 태양이 이정표가 되어 길을 찾듯, 인생에서도 우리에게 나침반이 되어줄 리더와 리더십이 필요하다. 사막에서의 리더십은 단순한 명령과 통솔의 개념이 아니다. 나아갈 방향을 설정하고, 반복되는 일상 속에서도 오아시스로 가는 길을 개척하며, 함께 살아가는 법을 배우는 과정이다.

그렇다고 해서 우리가 다루고자 하는 사막 리더십이 사막과 같은 극한 환경에서 살아남는 생존법에 대한 이야기는 아니다. 물론 생존법과 리더십은 유사한 점이 많다. 하지만, 궁극적인 목적과 적용 방식에서 분명한 차이가 있다.

생존법과 리더십의 차이를 구분하자면, 생존법은 개인의 생존 보장을 최우선으로 하는 것이다. 지금 물을 어디서 구할 것인지, 오늘 밤에 머물 가장 안전한 장소는 어디인지 등 눈앞에 놓인 문제들을 즉각적으로 해결하는 데에 집중한다. 생존법의 주된 목표는 한 개인이 현 상황에서 살아남는 것을 말한다.

반면 리더십은 자신뿐만 아니라 다른 사람들에게까지 비전을 제시하고 이끌어가는 영향력을 말한다. 장기적인 방향과 전략을 수립하고, 비전을 향해 계속해서 갈 수 있는 지속 가능성을 고민한다. 최종 목표는 모두가 함께 성장하면서 길을 만들어 내는 것이다.

즉 요약하자면, 생존법은 '나'를 위해 '지금'의 문제들을 해결하는 것이고, 리더십은 '우리'를 위해 '미래'의 과업과 성장을 준비하는 것이다.

그래서 사막 리더십은 홀로 살아남을 수 있는 강한 독립성을 지닌 단독자이면서도, 동시에 공동체를 위해 자신의 자원을 나누고 함께 길을 개척하는 헌신적인 구성원의 면모를 지닌 사막인의 양면적

속성 중에서도 후자에 더욱 초점을 두고 있다. 개인의 생존을 우선하는 자기 중심성을 거부하고, 더불어 하나 되는 삶을 통해 더 큰 가치를 창출하는 것을 추구하는 것, 그늘 한 점 없는 메마른 땅에 물을 대어 사람들이 쉴 수 있는 한 점의 오아시스를 만들기 위해서는 혼자가 아니라 함께 해야 한다는 것에 중점을 두었다. 이는 국가 간의 경계가 희미해지고 조화와 협력이 필수적인 지금 이 시대에 더욱 절실해지는 원칙이기도 하다. 특히 전 지구적 차원의 공통 문제들이 점점 증가하면서, 이를 함께 해결해야 할 필요성 또한 점점 커지고 있다.

각자가 심은 나무 한 그루가 서로 연결될 때 비로소 울창한 숲을 이루는 것처럼, 우리는 주변과의 상생을 통해 더 큰 오아시스를 만들어 가야 한다. 사막의 리더십은 더 이상 선택이 아닌 필수이다. 지구가 몸살을 앓는 이 소리에, 이제는 모두가 살아남기 위한 원칙으로 삼아야 할 것이다.

사막의 리더십을 통해 지구 한편에서 사막화를 막고 푸르른 초장을 늘려가며 본래 창조된 모습으로 복원하는 데에 힘을 쏟을 때, 그 영향은 지구 반대편에도 나비효과로 이어질 것이라 믿는다. 사막에서의 미세한 회복이 이로부터 멀리 떨어져 사는 북극곰의 생활 환경을 유지하는 데 기여할 수도 있다는 뜻이다.

가혹한 현실땅만 바라보는 시선에서 벗어나, 눈을 들어 자연과 동행하며, 무한한 생명의 원천인 사막의 주인에게로 시선을 돌리는 사막 리더십이 모두가 함께 생존하는 상생의 문화를 만드는 지침이 되길 바란다. 끝을 가늠할 수 없는 광활한 사막 한복판에서 숱한 변수들을 헤쳐 나가며 자신만의 나침반을 들고 길을 찾으려 했던 사막에서의 몸부림이, 빠르게 변화하는 오늘날의 세상에서도 여전히 필요한 필수 장비가 되기를 소망한다.

책의 구성

이 책은 크게 4개의 세션으로 구성되어 있다.

첫 번째 '입성' 파트에서는 사막 여정을 시작하기에 앞서 생각해봐야 할 사항들을 나열하였다. 사막에 들어가는 이유는 결핍의 극한에서 리더와 리더십을 향한 갈망을 품는 것이 목표가 되어야 한다는 부분을 강조하였다. 또한 여정의 방향을 설정하는 방법과 앞으로 다가올 변수들을 어떻게 대하여야 할지에 대한 고민을 담았다. 두 번째인 '횡단' 파트에서는 사막을 건너는 반복된 일상에서 요구되는 사항들이 어떻게 리더로 성장하는 데 밑거름이 되는지를 다루었다. 세 번째인 '거점' 파트는 최종 목적지까지 단번에 갈 수 없는 장기적인 여정 중 마주해야 하는 오아시스에서 재정비해야 할 체크리스트를 다루었다. 마지막 챕터인 '연결' 파트에서는 횡단을 마무리하면서 이 여정이 완주자를 어디로 확장시켜 나아가게 하는지에 대한 이야기로 마무리하였다.

광활한 사막의 경이로움을 글로 담아내려 하니, 마치 거인을 작은 언어의 틀 안에 가두는 것 같은 미안함이 든다. 사막의 광대함과 심오함을 언어로 온전히 표현하는 것에는 한계가 있겠지만, 필자는 이 책을 통해 조금이라도 사막의 다채로운 모습을 독자들이 느낄 수 있길 바란다. 그래서 챕터마다 조금씩 다른 형식으로 접근하며, 사막이 가진 다양한 얼굴을 조심스럽게 펼쳐 보이고자 했다. 사막은 단순히 끝없는 모래바다가 아니다. 그 안에는 다양한 이야기가 있고, 심오한 철학이 있으며 배울 점 또한 가득하다.

이 책이 사막을 직접 찾기 어려운 분들에게는 잠시나마 일상을 벗어나 사막을 상상해 볼 수 있는 자극제가 되었으면 좋겠다. 그리고 이 책이 사막의 주인들과도 계속해서 더 깊은 소통을 할 수 있는 접전이 되었으면 좋겠다. 사막 리더십을 쓸 수 있도록 영감을 준 친구들에게 감사함을 담아 집필한 이 책을 여러분에게 건네면서 이제는 내가 만들어 가는 오아시스로 그들을 초대하고 리드하고 싶다. 이를 위해 구전 문화에 익숙한 사막인의 방식처럼, 논리적으로 정렬된 문장보다 흘러가는 이야기 속에서 깨달음을 나눌 수 있도록 이야기식으로 책을 풀어가려 했다. 무언가를 강요하기보다는, 이 책이 촉진제가 되어 독자 스스로 성찰하고 결단할 수 있도록. 그래서 책에는 철학적 색채를 가미하며, 생각할 여백을 남기려 했다.

"길을 떠나기 전에 먼저 동반자를 구하라 الرفيق قبل أن تبحث عن الرفيق"

라는 사막의 격언처럼,

　이 책을 집어 든 당신에게 사막의 리더십이 앞으로 이어질 여정의 오랜 동반자가 되길 바란다. 또한 언젠가 당신이 만든 오아시스 속에서 내가 배우는 날이 오기를 기대한다. 질흙 같은 어둠이 깔린 밤, 사막의 별들이 하늘을 가득 메울 때, 미드바르מִדְבָּר에서 함께 이야기를 나눌 순간을 기대해 본다.

차례

프롤로그   4

Section 1.   **입성: 리더십의 갈망**

01 사막으로의 초대: 22
The Sound of Scarcity
02 방향설정: 36
Access Primary Source
03 시세 읽기: 46
Seasonal Fellow Traveller
04 무한지평: 57
Clearing the Frame of Canvas

Section 2.   **횡단: 리더십의 성장**

05 지속력: 72
From Brown to Green
06 솔선수범: 84
Playing Coach
07 풍화작용: 94
The Aesthetics of Dispersal
08 정속주행: 101
Cruise Control

Section 3.   거점: 리더십의 정비

09 중간기착지: 112
Oasis Model

10 맛본 자: 121
Persistence to Acceleration

11 집단 지성: 132
Navigating

12 미니멀리즘: 141
Need vs. Want

Section 4.   연결: 리더십의 귀결

13 이너서클: 152
Limen

14 전적 수용: 168
Surrender

15 로드마스터: 185
ReMaster

Section 1.

입성

리더십의 갈망

01 사막으로의 초대:

The Sound of Scarcity

아름다운 땅

끝없이 펼쳐진 모래 언덕과 텅 빈 하늘, 땅과 하늘의 경계가 모호한 지평선은 여지없이 사막의 광활함을 뽐낸다. 무한하게 펼쳐진 웅장함은 시간조차 멈춘 듯한 정적을 만들며, 뜨겁게 내리쬐는 태양의 열기도 잠시 잊게 해준다. 바람은 황금빛 도화지 같은 모래 위에 쉬지 않고 부드러운 곡선을 그리며 작품을 만들어 간다. 물결처럼 끊임없이 변화하는 모래의 형상은 사막이 단조롭다는 우리의 선입견을 단숨에 깨준다.

태양의 천연 조명은 바람이 새긴 굴곡에 그림자를 드리우며 시간에 따라 시시각각 변하는 다채로움을 선사한다. 사막은 우리를 거대한 화폭 속으로 초대하여 한 면을 직접 터치하며 작품의 일부가 될 수 있도록 허락한다. 손끝으로 고운 모래를 만지며 오감을 통해 사막의 미를 느낄 때, 우리는 자연이 허락한 순간의 예술을 온전히 체험하게 된다. 해가 저물기 시작하면, 황금빛 모래가 붉게 물들며 펼쳐지는 노을은 하루의 뜨거운 햇볕을 견딘 자들에게만 허락된 하이라이트이다. 해가 완전히 지고 어둠이 모든 조명을 끄는 순간, 사막은 또 다른 세계를 열어준다. 낮 동안 강렬한 태양광선 때문에 제대로 볼 수 없었던 수많은 별빛이 수줍게 모습을 드러낸다. 낮의 극심한 더위로 모든 에너지를 소진해 버렸다면, 밤이 주는 선선한 바람과 어느새 차디차게 식어 발끝에서부터 느껴지는 모래의 냉기는 다시 내일을 견딜 힘을 채워주는 듯하다. 사람들이 발자국을 남기고 떠나 버린 사막은 모든 것을 금세 흔적도 없이 지워버리고 새로운 사람들을 처음 맞이하듯이 다시금 새롭게 환대할 준비를 마친다. 이 모든 것은 사막이 우리에게 무상으로 주는 선물이다.

사막의 광활한 풍경은 치열하게 살아온 삶의 복잡한 소음에서 우리를 잠시 분리해 주며 깊은 안식을 선사한다. 그래서 중동 지역의 거주자들은 이러한 선물을 받고자 특히 겨울철이면 주말마다 도심을 떠나 사막으로 향한다.

필자도 열사의 땅 아라비아 반도에서 외지인 나그네로서 생존할 수 있었던 건 정오처럼 뜨거운 긴 여름의 시간이 지나고 나면 사막을 만끽할 수 있는 계절이 곧 온다는 희망이 있었기 때문이었다. 그래서인지 이곳을 찾는 많은 여행객은 이곳에서만 느낄 수 있는 이국적인 낭만과 아름다움을 느끼기 위해 필수 방문 코스로 사막을 선택한다.

이곳은 직접 와서 온몸으로 부딪치며 느끼고 경험해야만 진정한 매력을 알 수 있는 곳이지, 글이나 영상을 통한 간접 체험으로는 알 수가 없다. 직접 사막의 품에 안겨 광활한 자연이 주는 유익을 누리며 상상 이상의 매력을 느껴봐야 한다. 그래서 사막의 아름다움을 인간의 언어로 표현하는 것은 참으로 어려운 일이다. 광활한 자연의 미학을 제한된 언어적 표현에 구겨 넣는 듯한 느낌이 들어 미안하고도 불편한 마음도 든다.

오늘날에는 쉼과 레저, 이색적인 분위기를 느끼기 위해 손쉽게 찾는 공간이 되었다. 하지만 원래 사막이라는 공간은, 문명의 이기가 발달하기 이전으로 거슬러 올라가 보면 오늘날처럼 쉽게 드나들 수 있는 곳이 아니었다.

두려움의 땅

강렬하게 이글거리는 태양 아래 무자비한 쏟아지는 뙤약볕을 온몸으로 맞는다. 그늘 한 점 없이 끝없이 이어진 모래 언덕과 돌투성이 황무지의 광활함은 순식간에 방향 감각을 마비시킨다. 여정의 끝을 가늠할 수 없는 풍경은 희망을 앗아가고 무력감만 남긴다. 낮에 간간이 불어오는 바람은 더위를 식혀주기는커녕 피부를 태우는 듯한 열기를 동반한 불청객일 뿐이다. 그러다 갑작스러운 모래폭풍이 모든 것을 집어삼킬 듯 몰아칠 때면, 인간은 자연의 거대함 앞에서 그저 연약한 존재에 불과하다는 사실을 처절히 깨닫게 된다. 밤이 되면 온도가 급격히 떨어지고, 차가운 공기가 살갗을 파고든다. 극단적인 일교차 속에서 생존을 위한 모든 에너지를 짜내야 한다. 사막은 어떠한 자원도 공급하지 않는다. 그저 모든 것을 소비하게 만든다. 황량한 공간을 뒤덮은 적막한 고요는 극한의 고독으로 이끈다. 드물게 마주치는 다른 생명체는 반가움보다는 나의 소유물과 생명까지 앗아갈 수 있는 잠재적 위협으로 다가온다. 희박한 자원은 사막에 존재하는 모든 생명체로 하여금 생존을 위한 치열한 경쟁을 강요한다. 특히 생존의 필수 요소인 물의 부족은 이곳을 더욱 험난한 죽음의 땅으로 만든다. 아무도 거주하고자 하지 않는 이곳은 자연스럽게 버려진 미지의 땅이 되었다. 그리하여 고대 이집트의 파라오 시대부터 나일강 주변의 비옥한 땅은 생명의 신인 오시리스Osiris와 그의 아들 호루스Horus가 지배하고 있다고 여겼다. 반면, 생존이 거의 불가능한 불모의 땅인 사막은 악한 신인 셋Seth이 지배하는 곳으로 알려졌다. 생명이 존재하지 않아 죽음의 상징이 되어버린 이곳은 무덤의 상징이자, 맹수나 도적 떼에 의해서 살인과 불법이 횡행하는 두려움이 도사리는 곳이 되어버렸다.

사막의 사람들

그렇게 금기시되던 땅에도 사람들이 정착해 살아가기 시작했다. 그들이 처음부터 이곳에 머물기로 선택한 것은 아니었을 것이다. 정확한 기원을 찾기란 어렵지만, 여러 가지 이유로 도피하듯 숨어들어왔거나, 다른 지역에서 밀려난 이들이 갈 곳을 잃고 마지막 선택지로 이 땅에 남았을 가능성이 크다. 그러나 아무것도 없는 깊숙한 사막에서 거주하는 것은 이들에게도 불가능해 보였기에 생존의 필수품인 물을 공급받을 수 있는 오아시스나 해안가를 따라 주요 거처를 정하고 터전을 꾸려왔다.

사막을 이웃으로 둔 이들의 삶은 매우 단조롭고 고독했다. 끝없이 펼쳐진 동일한 풍경 속에서 하루는 늘 같은 모습으로 시작되고 끝났다. 모래와 바람 소리만 지배하는 적막한 공간, 세상과 단절되어 홀로 서 있는 외딴 작은 천막, 침묵조차 대화처럼 느껴지는 나날들이 그들의 삶을 채운다.

그러나 이렇게 획일적이고 무미건조한 사막 생활에 변화를 가져오는 존재가 있었다. 바로 간헐적으로 찾아오는 외부인들이었다. 외부인이 사막을 방문하는 순간, 사막은 금세 시끌벅적한 활기로 가득 찼다. 사막 사람들에게 외부인은 단순한 손님이 아니었다. 그들은 죽음을 통과하고 찾아온 천사처럼 하늘이 내려준 선물로 여겨졌다. 물론, 외부인이 자신들의 터전을 염탐하려고 온 정탐꾼이나 침략자일 가능성을 완전히 배제할 수는 없었지만, 그럼에도 극한의 환경을 통과해 찾아온 자들을 일단 극진히 환대하는 것이 사막의 문화였다.

외부인들은 환상 소설처럼 들리는 외부 세계의 이야기를 들려주었고, 사막 사람들은 귀를 기울이며 이야기 속으로 빠져들었다. 이야기를 듣는 동안 물과 음식을 내어놓으며 손님을 정성껏 대접하고, 천막의 가장 좋은 자리를 잠자리로 마련해 주었다. 방문자가 머무는 동안, 사막의 일상은 오로지 그들을 중심으로 돌아간다. 그리고 여행자들이 다시 여정을 이어가기 위해 떠나는 날, 사막 사람들은 그들의 손에 물과 식량을 쥐여주며 작별 인사를 건넸다. 없는 살림에 "당신들부터 챙기라"고 충고하고 싶었지만, 사막 사람들에게 이는 불가능한 일이었다. 그들은 외부인을 평생에 단 한 번 찾아올지도 모르는 천사를 섬길 수 있는 선행의 기회로 여겼기에 이를 결코 막을 수 없다. 여행자들은 외부에서 가져온 진기한 물품을 답례로 선물하며, 외부 세계의 조각을 사막에 남기고 떠난다. 방문자들이 떠나가고 나면 사막은 다시 조용한 일상 속으로 돌아간다. 고요 속에 적막이 흐르고, 언젠가 또다시 찾아올 다음 외부인을 기다릴 준비를 하며 사막의 일상은 계속된다.

사막 부족들의 고요한 정적을 다시 깨는 것은 사막을 넘어 다른 세계로 가겠다는 한 부족원의 결심이다. 방문자가 들려준 외부 세계의 이야기가 그의 귀에 계속 맴돌았다. 기본적인 재원이 절대적으로 부족하여 무언가를 스스로 만들어 내는 것도, 이를 오랜 기간 저장하는 것도 적합하지 않은 사막의 환경에서 적응만 하는 수동적인 삶을 벗어나 적극적으로 개선해 보고 싶다는 갈망이 사막을 넘어가 보겠다는 결단으로 이어진 것이다.

이리하여 사막에 새로운 생존 방식을 따르는 중개 무역상들이 등장하기 시작했다. 그들은 더 나은 삶을 위해 매번 사막으로 들어갔다. 물론 사막은 여전히 두려움과 죽음의 상징이 되는 곳이었지만, 이를 넘어 얻게 될 유익과 기쁨은 그 두려움마저 압도하여 그들의 발걸음을 사막으로 향하게 만든 것이다. 생존을 향한 갈망은 사막의 두려움을 넘어서게 만드는 모험으로 그들을 이끌었다.

횡단에 성공해 고향으로 돌아온 무역상들은 첫째로 무사히 복귀했다는 것에 감사했다. 둘째로 그들 손에 들린 신기하고 유용한 물건들로 고향 사람들에게 기쁨을 선사했다. 밤이 되면 모닥불 주위에 모여 앉아서 그가 방문했던 사막 너머에 있는 미지의 세계에 대한 이야기를 나누며 헤어져 있었던 사이의 공백들을 채운다. 사막 횡단을 마친 자들은 한 지역의 삶을 윤택하게 만들어주는 자원을 제공해 줄 뿐만 아니라, 외부에서 익힌 좋은 것들을 자신들의 고향에 적용하여 새로운 문화를 창출해 가는 리더가 된다. 그러나 이들이 한 지역사회의 리더가 될 수 있는 이유는 단지 새로운 문물을 소개하거나 외부에서 일어나고 있는 일들을 더 많이 안다는 정보 우위 때문만은 아니다. 그들을 진정한 리더로 만든 것은 미지의 세계로 뛰어들었던 용기였다. 영원히 돌아오지 못할 각오로 떠났던 결단, 사막 한복판에서 목숨을 걸고 형성한 단단한 성품, 그리고 횡단의 경험 속에 내포된 숱한 요소들이 그들을 지역의 중심 인물로 끌어올렸다. '사막 횡단 완주 성공'이라고 적힌 이력서의 짧은 한 줄만으로는 결코 다 담아낼 수 없는, 그들이 겪어낸 고난과 위험을 포함한 모든 경험이 그들을 더 깊고 강인한 리더로 만들어 주었다.

리더의 결핍

더 나은 삶을 꿈꾸며 미지의 땅에 발을 디딘 순간, 횡단을 결심한 사막의 사람들은 그동안 머릿속으로만 그렸던 사막의 혹독함을 고스란히 온몸으로 겪게 된다. 끝도 없이 광활하게 펼쳐진 사막에는 방향 설정을 위해 임시라도 기준점이 되어줄 목표물도 하나 없다. 아무리 걸어도 변함없는 모래벌판과 반복되는 동일한 풍경은 앞으로 나아갈 동력을 고갈시킨다. 낮의 강렬한 태양과 제대로 쉴 곳조차 없는 환경은 육체의 한계점이 어디인지 처절히 깨닫게 한다. 밤이 찾아오면 극심한 더위는 사라지고, 피로해진 육체에는 회복할 시간이 주어지는 듯하지만, 어둠은 또 다른 고통을 선사한다. 달빛과 별빛에만 의존하며, 언제 어디서라도 출몰할 수 있는 야생동물의 위협에 무방비로 노출되어 있다는 불안감은 밤새 긴장을 풀 수 없게 만들어 정신적 피로만 더하게 된다. 때때로 예고 없이 불어닥치는 모래바람은 순식간에 시야를 가리고, 호흡조차 어렵게 만들며, 단 한 걸음의 진보도 허락해 주지 않는다. 모래바람이 지나간 다음 날이면 지연된 일정을 만회하려는 조급함에 발걸음이 빨라지기도 한다. 떠날 때 챙긴 식량들이 떨어지기 전에 다음 오아시스에 도착해야 한다는 강박을 버릴 수가 없다. 또한 앞으로 발생할지도 모를 변수들을 최대한 줄여보고자 황급히 출발한 것이 때론 길을 잃게 만들고, 당황한 나머지 착시현상에 속아 신기루를 푯대 삼아 잘못된 방향으로 달려가게 하기도 한다. 쉬고 싶어도 쉴 수 없는 곳, 정착하고 싶어도 씨를 뿌릴 수도 없고 거둘 수도 없는 사막 한복판에서, 도대체 어디가 끝인지 그 전모를 가늠해 볼 수 없는 무력함과 불확실성 앞에서 인간은 자신의 무능력을 철저히 절감하게 된다. 그렇게 앞길이 보이지 않는 막막함이 찾아올 때, 사람들은 정확한 방향을 제시해 줄 리더를 열망하게 된다.

사막은 또한 이전의 지표가 되어주었던 과거의 경험이나 지식을 무력화시키기도 한다. 그동안 전문가들을 우월한 위치에 놓게 해준 기존의 해법들을 무용지물로 만들어 버리고 새로운 문제들을 끊임없이 제출하는 광대함을 보여주는 곳이 사막이다. 그래서 특정 분야의 전문가들은 자신들이 그 분야에서 최고라는 과도한 자부심, 전문 지식을 기반으로 수립한 전제들, 그리고 풍부한 과거 경험으로 어떤 상황을 과거의 한 사건과 재빠르게 동일시하여 해법을 제시하려는 시도로 인해, 변화한 시대와 환경의 변수를 고려하지 못하고 이전의 해법만을 고집하다 도리어 하나의 프레임 안에 스스로를 가두게 될 수 있는 곳이 사막이다. 결국 거대한 세상 앞에서 매우 작고 작은 사람들 중

그저 한 명임을 철저하게 깨닫게 된다.

그래서 사막은 인간을 끊임없이 학습하게 만든다. 매번 동일한 경로를 지나더라도 미세하게 다른 길로 이어지듯, 누군가의 발자취를 그대로 따라갈 수도 있지만, 결국 내 앞에 펼쳐진 길은 모래언덕에 잠시 새겨졌다가 금세 바람에 날려 사라지고 마는, 인생에 단 하나뿐인 유일한 길임을 깨닫는다. 또한 동경하여 닮고 싶은 인물이 걸어온 경로를 척도로 삼아 따라가더라도 그 길이 완벽한 안내자가 아님을 알게 된다. 결국 내 앞에 펼쳐진 길이야말로 단 하나의 길임을 다시금 깨닫게 된다.

이런 광활한 사막은 방문자로 하여금 학습을 멈추지 않게 만든다. 더 많은 배움이 필요한 곳, 끝없이 새로운 발견이 기다리는 곳, 깊이 파면 팔수록 보물이 끝없이 나오는 곳이다. 이렇게 광활한 사막은 나와 세상을 알게 해주는 장소가 되어, 이 긴 여정을 끝까지 동행해 줄 인도자를 찾게 만든다. 내가 가야 할 길을 익숙하게 알고, 최종 오아시스까지 동행해 줄 리더를.

초대장

사막에 들어가면 분명 유익이 있다. 그러나 문제는 그 유익을 알면서도 들어가기가 꺼려지고 거부하고만 싶은 사막으로 어떻게 한 발짝을 내딛냐는 것이다.

사막에 입성하는 것은 결코 쉬운 일이 아니다. 엄청난 대가를 지불해야 한다. 삶을 윤택하게 만들어주었던 익숙한 생존법을 내려놓아야 한다. 모든 가치체계를 초기화하고, 처음부터 새롭게 배우는 번거로움을 감수해야 한다. 어쩌면 규제와 통제로 갑자기 아기처럼 기어 다니는 듯한 제약이 있는 삶이 사막일지도 모른다. 우리는 본능적으로 누군가에게 통제받는 삶보다 내가 스스로의 주인이 되어 선택의 주체가 되는 것을 선호한다. 누군가에게 조언을 구하고 답변을 기다리는 지루한 과정을 견디기보다는 내 소견대로 빠르게 선택하고 결정하는 것이 더 효율적이라 생각한다. 더욱이 기대와 다른 자문 내용을 그대로 따르도록 강요받을 수도 있다는 변수를 굳이 자처해서 만들 필요가 없다. 굳이 그 불편함을 자처하지 않고 본인의 소견에 따라 옳은 대로 행하는 삶이 인간들이 추구하는 본성이다. 특히 이제는 익숙한 안전지대가 되어버린 일상의 경로로만 다닌다면 새로운 안내자 없이도 평생 잘 지낼 수 있는데, 굳이 새롭게 내 삶에 참견하는 외부의 잔소리를 듣고 싶지 않을 것이다.

게다가 사막에 들어간다고 삶이 획기적으로 변할 것 같지도 않다. 그래서인지 많은 사람은 사막 입구의 경계선 앞에서 자신을 안도시킬 만한 이유를 되뇌며 발걸음을 돌린다. 그들은 굳이 사막을 직접 들어가지 않고 멀리서 관망하기만 해도 그 유익을 충분히 즐길 수 있다고 정당화한다. 그게 더 편하고, 훨씬 더 안전하기 때문이다.

혹시 지금 이 책을 읽고 있는 당신도 깊은 사막으로 들어가는 것에 주저함이 있다면, 이 책을 바로 덮어도 좋다. 그러나 필자의 손에 이끌려 잠시라도 발을 들일 여지가 조금이라도 있다면, 필자와 함께 사막 깊은 곳에 있는 오아시스까지 가보길 강력히 권유한다. 만일 내 자녀에게 단 한 가지 유언만을 남겨줄 수 있다면, "함께 사막을 횡단해 보자. 혹은 혼자라도 사막으로 들어가, 아버지가 너에게 주길 간절히 바라던 것을 그곳에서 반드시 찾아보아라."라고 말하고 싶다.

그만큼 사막으로의 초대는 제법 중요하다는 정도를 넘어 필수적이라고 할 수 있다. 지금도 필자는 자녀들에게 기회가 될 때마다 사막 횡단과 같은 일에 도전하라고 권유한다.

사람들을 사막으로 이끈 것은 미세한 음성이었다. 사막의 교부들은 신과의 더 깊은 교감을 할 수 있지는 않을까 하는 작은 바람에 이끌리어 사막으로 들어갔다. 신과의 만남에 최대한 집중하기 위해 세상의 소음으로부터 벗어나 자신을 보다 통제하기 용이한 환경으로 간 것이다. 신과의 깊은 대면이라는 내면의 갈망이, 사막에서의 거주를 통해 앞으로 겪게 될 육체적 불편함을 감내하도록 만들었다.

원활한 목축업을 위해 사막 언저리에서 유목 생활을 하던 베두인들은 유목민의 삶에 종지부를 찍고 더 많은 물품을 소유한 풍요로운 정착 생활을 꿈꾸며 사막을 넘어가기 시작했다.

모세는 하나님으로부터 강력한 음성을 듣고 사막처럼 두렵고 가기 싫었던 애굽의 바로 왕 앞으로 나아갔다. 애굽에서 종살이로 지쳤던 이스라엘 민족들은 자유가 주어지는 약속의 땅으로 가자는 모세의 외침에 이끌려 광야의 길로 들어섰다.

그리고 탐험가와 모험가들은 광활하게 펼쳐진 사막의 거대함과 경관, 그 속에서 생존하고 있는 강인한 생명체들의 신비로움에 도전정신과 호기심이 자극되어 새로운 세계로 들어오라는 사막의 초대에 응답했다.

지금 당신에게는 어떠한 소리가 들려오는가?

사막이 주는 가장 큰 선물 중 하나는 결핍이다. 그 결핍은 우리를 극한의 목마름으로 몰아가지만, 바로 그 순간 만나게 되는 오아시스가 목마름을 해소해 준다. 그 한 모금의 물은 필생에 한 번도 경험해보지 못한 최고의 해갈을 경험하게 해줄 것이다. 왜냐하면 갈증의 정점에서 주어진 응답이기 때문이다.

깊은 사막은 결핍의 정점으로 우리를 안내한다. 육체적 에너지, 열정과 희망, 횡단을 준비하며 구비했던 모든 물품마저 소진시킨다. 모든 것을 쏟아내고 비워진 상태에서 생존을 위해 가장 필요한 한두 가지에만 집중하게 만든다. 그중 하나는 내 인생의 리더가 부재하다는 사실일 것이다. 사막 한복판에서는 생필품보다도 올바른 방향을 제시해 줄 리더를 더 갈망하게 된다. 물질적 필요가 채워지는 것은 일시적인 만족만 줄 뿐, 시간이 지나면 결핍은 다시 찾아온다. 그래서 영원히 목마르지 않게 만들어 줄 지속 가능한 무언가를 찾게 되는 것이다. 그것이 바로 리더이자 리더십이다. 다음 오아시스까지 올바른 방향을 제시해 줄 리더와 그 리더를 따라서 목표점에 도달하기 위해 나를 이끌어 갈 리더십이 얼마나 중요한 필수품인지를 깨닫게 된다.

리더의 존재와 말 한마디는 사막의 흐릿한 경로를 선명하게 만들어준다. 내 안에 확고하게 자리 잡은 리더십은 육체적, 정서적 한계치에 이를 때 발생할 수 있는 역경과 혼란을 종식시킨다. 사막은 모든 것이 부족하지만, 리더와 리더십만 제대로 서 있다면, 그곳은 푸른 초장이자 쉴 만한 물가가 될 것이다.

지금 당신이 정비된 도로와 사막의 모래 사이의 경계선에서 주저하고 있다면 한 발자국만 내디뎌 보자. 리더에 대한 갈증을 최고조로 느낄 수 있는 사막의 한복판으로 들어가 보자. 사막에서 마주할 수 많은 불확실성 속에서 문제 해결의 안내자가 될 리더와의 만남을 기대해보자. 리더와의 만남을 위해 내 자신을 리딩해 보자. 결핍의 불편함은 당신에게 새로운 지혜와 사막의 리더십을 선물할 것이다. 그 미세한 사막의 속삭임에 귀 기울이고 여정을 시작해 보자.

02

방향 설정:

Access Primary Source

카라반

'카라반Caravan'이란 단어는 페르시아어의 'Karvanکاروان'에서 유래된 단어로, 사막을 횡단하며 여행하는 무리를 일컫는 용어이다. 카라반의 등장은 사막에서 거주하던 사람들이 자원을 얻기 위해서 다른 지역으로 떠난 여정에서 비롯되었다. 더 많은 자원을 찾아 사막을 가로지르기 시작한 사람들은 방문한 곳에서 그 지역만의 특산품을 얻었다. 돌아오는 길에 잠시 들린 오아시스 마을에서 만난 사람들이 그 특산품에 관심을 보이자, 그들은 상품 일부를 나누고 물과 식량을 얻기 시작했다. 그러자 요청했던 것보다 더 많은 식료품을 마련해주고 그 지역만의 귀중품까지 주었다. 새롭고 귀한 물건을 얻은 사람들은 아낌없이 자신들의 것을 내주며 감사의 마음을 전했다. 원래는 자신들이 필요한 자원들을 얻기 위해 떠났던 여정에 생각지 못했던 이익을 얻게 되었다. 뜻밖의 이익을 얻은 그들은 서로 다른 지역의 욕구를 연결하는 다리가 되었다.

그들의 모험은 단순한 자원 교환을 넘어 동양과 서양이 연결되게 했고, 물품들뿐만 아니라 문화의 교류까지 이어졌다. 비단과 진주, 향신료 등, 여러 번 오고 가면서 서로가 가장 필요로 하고 수익성이 좋은 물품들의 목록이 생기게 되었다. 그래서 이들은 주로 고수익의 사치품들을 실어 나르며 엄청난 부를 창출해 내기 시작했다. 비록 사막을 횡단한다는 것은 목숨을 걸어야 할 만큼 위험도가 매우 높은 여정이지만, 그 위험을 감수할 만한 가치가 있었다.

수익성이 담보되자 카라반 상인들의 규모가 점점 커지면서 횡단 횟수까지 비약적으로 늘어나게 되었다. 횡단이 늘고 여행의 경험치가 쌓이자, 자연스레 최적의 경로가 형성되었고, 이 노선을 따라 쉬어갈 수 있는 중간 거점들이 생겨났다. 이렇게 탄생한 무역로 중 하나가 바로 우리가 잘 아는 실크로드 Silk Road이다.

여정을 시작하기 전, 카라반 상인들은 철저히 준비한다. 우선 일정을 계산하여 물과 식량의 적정량, 생존을 위한 필수품들을 꼼꼼히 챙기고 무역품을 신중히 선정한다. 더 많은 수익을 위해 최대한 많이 싣고 싶지만, 여정의 고됨을 고려해 적정량만 선택하는 절제가 필요하다. 이렇게 모든 준비를 마치면 낙타와 상인들은 충분한 휴식을 취하며 컨디션을 최고조로 끌어 올린 뒤 여정을 시작한다.

사막에 들어선 순간 가장 중요한 것은 방향 설정이다. 다음 경유지와 최종 목적지에 성공적으로 도달하기 위해서는 무리가 나아가야 할 방향성을 정확하게 인지하는 것이 필수이다. 방향 설정은 첫 출발 때 단회적으로 끝나지 않는다. 사막을 걷는 내내 하루에도 여러 번 경로를 확인해야 한다. 사막 횡단은 아무런 푯대가 없는 허허벌판을 주로 걷기 때문에 한번 방향을 설정하고 가다가도 어느새 엉뚱한 방향으로 향해 있기가 쉽다. 그래서 카라반들은 목적지가 가시적으로 보이기 전까지 수시로 방향 체크를 해야 한다.

오늘날에는 스마트폰에 있는 지도 어플이나 GPS 덕분에 방향을 찾는 것은 그리 어려운 일이 아니다. 그러나 지도와 나침반이 없던 시절, 기댈 것이 전무했던 초기 카라반 상인들은 여러 자연 현상들로 방향을 찾아야 했다. 해가 뜨고 지는 지점을 통하여 동쪽과 서쪽의 기준점을 잡았다. 낮에는 태양의 이동 궤적과 그림자의 길이를 토대로 경로를 조정해 갔다. 또한 일정한 패턴을 지닌 사막 바람의 특징을 고려하여 방향을 예측했다. 특히 바람에 의해 모양이 형성되는 모래 언덕의 특징은 방향 설정의 또 하나의 방편이다. 간혹가다 마주하게 되는 돌무더기나 식물, 오아시스 등의 고정된 지형지물이 잠시의 이정표로 사용하기도 한다. 밤에는 별자리가 나침반 역할을 해준다. 북극성[Al-Kaukab]으로 북쪽을 확인한 뒤 나머지 방향을 파악했다. 낙타의 안장이라고 불리는 오리온자리$^{\text{Al-Jawza}}$의 일직선으로 정렬된 세 개의 별들을 통해 동쪽과 서쪽을 구분했다. 사막의 안내자라는 별명을 지닌 큰개자리$^{\text{Canis Major}}$에서 가장 밝은 별인 시리우스$^{\text{Al-Shi'ra}}$를 통하여 동쪽 방향을 알아냈다. 자신이 서 있는 위치와 계절에 따라 잘 보이는 별자리들을 이용하여 방향을 가늠하는 데에 활용하였다. 카라반들은 수많은 횡단 경험을 통해 자연 속에서 길을 읽는 지혜를 터득했다. 이렇게만 이야기하면 사막 횡단이 단번에 인생 상승을 가져다주는 낭만적인 여정으로 들릴지도 모르겠다. 그러나 카라반의 문화가 안정적으로 정착하기까지는 수많은 사람이 주검조차 발견하지 못하는 사막에서 목숨을 잃었을 것이다.

무시되는 다수결의 원칙

한 카라반 무리가 횡단 도중 사막 한가운데에서 방향을 잃었다고 상상해보자.

급작스러운 기후 변화로 하루 종일 세찬 모래바람이 몰아쳤다. 모래 먼지가 온 하늘을 덮어 태양빛마저 희미해지고, 모래언덕의 지형도 뒤죽박죽 완전히 바뀌게 되어 방향감각을 상실하게 되었다. 이례적으로 불어온 강풍은 모래 언덕에 그어지는 바람의 일정한 패턴도 무색하게 만들었고, 카라반은 더 이상 전진할 수 없어 강제로 멈춰야만 했다. 모두가 온몸을 최대한 움츠려 거센 바람을 견디며 저항을 최소화했다. 마침내 밤이 되자 바람이 잦아들었고, 그들은 낮 동안 가지 못했던 하루 최소 이동 거리를 채우기 위해 야간 도보를 강행하기로 한다. 목적지에 대한 방향을 재설정하기 위해 별을 본다. 하지만 모래 바람의 여파 때문인지 흐릿해진 별들은 명확하게 분간하기가 쉽지 않다. 명확한 기준점이 없는 상황에서 방향을 잃어버린 카라반 사람들은 하나둘씩 모여 어느 쪽으로 가야 하는지 의견을 내기 시작한다. 각자 나름의 추론을 내놓으며 다양한 의견이 쏟아졌다. 다행히도 다수의 의견이 한 방향으로 수렴되었다. 다수결의 원칙에 따라 이동 방향이 결정되는 분위기이다.

그 순간, 강력한 외침이 그 분위기를 멈추게 했다. "그쪽이 아니다!" 확신에 찬 목소리에 모두가 그를 주목했다. 목소리의 주인공이 등장하자 다들 웅성거리기 시작한다. 그는 다름 아닌 사막 횡단에 잔뼈가 굵은 베테랑 안내자였다.

"지금 같은 상황에서는 추론이 아니라 절대적인 기준이 필요하다." 그는 지금 같은 상황에서는 어떠한 절대적인 상수를 통하여 방향을 구분해야 하는지 하나하나 설명하기 시작했다. 설명하는 내내 모든 무리가 고개를 끄덕이며 그의 지식과 지혜에 경탄했다. "맞아, 그의 생각과 분석이 정확하네."

몇 가지 근거를 토대로 유추하여 내린 자신들의 결론은 100% 맞다고 단언할 수 없는 추론에 불과했다. 각자 내렸던 결론이 불완전했다는 것을 깨달은 사람들은 즉시 자신들의 주장을 접었다. 사막에서 조금이라도 오차가 발생할 경우, 예상했던 일정 안에 다음 오아시스까지 도착하지 못할 수도 있다. 준비된 식량은 다 소진되고, 더 이상 자원을 구할 수 없어 황량한 사막 한복판에서 죽음을 맞이할 수도 있기에 조금의 불확실성조차도 허용할 수 없다.

무리를 이끄는 자: 1차 자료 접근

사막에서 올바른 방향을 설정하고 지속적으로 그 방향을 유지하는 것은 곧 생존을 의미한다. 그래서 직접 원본 자료를 읽고 해석할 수 있는 전문가의 발언 앞에서는 모든 추측과 유추, 추론이 무의미해진다. 모두가 자기 생각을 즉각적으로 부인하고, 절대적 진리의 푯대를 직접 읽어낸 자가 제시하는 방향으로 전환해야 한다. 사막에서는 얕은 지식을 가진 다수보다 원본 자료와 소통할 수 있는 지혜로운 한 명의 리더만 있으면 충분하다.

그는 어떻게 수많은 사람에게 가야 할 정확한 길을 제시할 수 있었을까?

그가 리더가 될 수 있었던 이유는 적중률 높은 직감이나 학식에 기반한 의견 때문이 아니라, 시간과 공간을 초월해 언제나 동일한 규칙을 지닌 자연의 법칙을 정확하게 읽어냈기 때문이다. 절대로 변하지 않는 고정 상수를 통해 얻은 값으로 측정하고 예측하였기 때문이다. 그가 제시한 해법은 그의 주관적인 견해가 아니었다. 절대 진리가 가리키는 것에 따라 단순히 방향을 말한 것뿐이다. 그저 일정한 패턴과 법칙성을 지닌 변치 않는 기준을 정확하게 이해한 것뿐이다. 그렇기에 그의 말은 의심할 여지가 없는 확신의 언어가 되었다.

이와 같은 원리는 학문 연구, 언론 등 여러 분야에도 동일하게 적용된다. 가장 신뢰할 수 있는 연구는 원본 문서, 발굴된 유물, 직접 실험을 통해 얻은 1차 자료를 바탕으로 분석한 연구이다. 1차 자료에 기반한 연구일 때에만 총체적인 이해 속에서 보다 유의미한 결과를 도출해 낼 수 있다. 이후 1차 자료를 참고하여 수많은 2차, 3차 자료들이 만들어져 파생되는데, 1차 자료에서 가까울수록 결과의 신뢰도가 높아지고, 멀어질수록 약한 신뢰도를 갖게 된다.

이는 우리 시대에 커다란 영향을 미치는 언론의 경우도 마찬가지이다. 직접 취재를 해서 1차 정보를 가장 먼저 획득한 언론사는 그 내용을 1차로 보도하며 정보 우위의 힘을 독점하게 된다. 다른 언론사들은 이미 보도된 내용을 바탕으로 뉴스를 재생산하여 단순 유통만을 하게 된다. 필터링이 되지 않은 원자료를 독점적으로 얻은 기관만이 정보에 대한 왜곡을 최소화할 수 있다. 더욱이 1차 자료를 다루는 과정에서 발견된 사실이나 해석을 덧붙일 수 있는 여지도 생긴다. 그러나 이미 다른 사람에 의해서 해석한 자료를 가지고는 개인적인 관점이나 생각을 넣을 수 있는 폭은 현저히 줄어든다. 설사 덧붙인다 하더라도 이는 왜곡의 위험성을 지니게 된다. 그래서 원본 데이터에 접근한 자만이 전체 흐름을 주도하는 키를 지니게 되며, 그 외 기관들은 2차, 3차의 단순 내용 정보만을 만들어 낼 수밖에 없다.

고향을 떠나 타국에 거주하고 있는 이주민들에게도 이는 동일하게 적용된다. 이민자들은 대부분 정착하게 된 타지에서 그들만의 국적 커뮤니티를 형성하며 살아간다. 이 커뮤니티는 문화적 정체성을 유지하게 해주고, 정서적 안정을 제공한다. 주변부로 살 수밖에 없는 타국의 낯선 환경에서 안정적인 소속감을 형성하며 외로움과 소외감을 극복하는 데 중요한 역할을 한다.

이러한 커뮤니티에서는 각종 유용한 현지 정보를 얻을 수 있는 허브 역할을 한다. 여기서 특징적인 것을 꼽자면, 정보를 공유할 때는 주로 "누구한테 들었는데…."라는 말로 시작된다는 것이다. 이 정보들은 대부분이 자국민들 사이에서 나눈 이야기들로, 대부분 출처가 불명확한 것으로 밝혀진다. 그래서 해외 이주자들은 주로 3차, 4차 혹은 4차, 5차의 저급 정보를 공유하며, 그 내용이 왜곡되거나 부정확할 때가 많다. 심지어는 카더라 통신으로 알려진 근거 없는 소문이 사실처럼 퍼지는 경우도 발생한다. 그래서 간혹 곰곰이 생각해 보면 아닐 것 같은 현지 정보들도 많이 발견된다.

이민자들은 자신이 신뢰하는 같은 국적 사람의 말을 맹목적으로 받아들이기도 하며, 동포 집단 내에서 소외감을 피하기 위해 합리적 의심을 포기하고 동조하는 현상도 나타난다. 그러나 시간이 지나면서 누군가가 현지 기관이나 현지인과 직접 접촉하여 1차 자료를 확보했을 때 동포 사회 내에서 오랫동안 통용된 정보라도 순식간에 그 신뢰도가 바뀐다. 원본 자료를 직접 확인하는 것이 카더라 통신의 위험을 줄여주며, 1차 정보를 직접 확인한 사람은 곧 '현지 전문가'로 인정받으며 새로운 기준을 제시할 수 있게 된다. 이에 필자는 1차 자료를 확인하기 전까지는 부정적인 정보를 무비판적으로 받아들이지 않는 습관을 들이려 늘 애쓴다.

"사막에서 오아시스를 찾으려면 먼저 하늘을 봐라."

사막에서 생존하려면 먼저 하늘을 읽을 줄 알아야 한다는 뜻이다. 별자리, 태양의 궤적, 바람의 흐름 등에 정답은 늘 존재한다. 자연이 제공하는 단서를 발견하는 것이 생존의 시작이다. 올바른 방향과 관점을 갖기 위해서는 사막이 보여주는 변치 않는 절대적 기준에 따라가야 하는 것이다. 사막에서는 하늘이 제공하는 원본 자료에 접근할 수 있는 자만이 진정한 리더가 될 수 있다. 그렇지 못한 자는 1차 자료를 정확히 읽는 사람을 곁에 두고 그 지혜를 경청할 줄 알아야 한다.

필자도 사막 같은 해외 이민자의 삶 속에서 종종 하늘을 바라보며 방향을 점검하게 된다. 특히 세상은 어떻게 창조되었으며, 인간은 어떠한 존재이고 우리가 살아가고 있는 이 세상은 어떻게 흘러갈 것인지와 같은 삶의 근본적인 질문들의 답을 얻고자 온 세상을 창조한 신의 음성에 귀를 기울이려 부단히 노력한다. 진리가 가리키는 방향을 찾기 위해 몸부림을 치게 된다.

"지금 당신이 찾고 있는 오아시스를 위해 따라야 하는 북극성은 무엇인가?"

1차 자료와의 만남은 확신에 찬 인생을 보장해 줄 것이다. 세상과 주변에 휘둘리지 않고 내가 가야 할 길을 묵묵히 갈 수 있는 믿음을 심어줄 것이다. 변치 않는 진리가 주는 참된 자유를 누리며, 다른 이들들을 오아시스로 이끄는 길잡이가 되어 보자.

03 시세 읽기:

Seasonal Fellow Traveller

표준 시간표

교통 체증을 피하고 쾌적한 쇼핑을 즐기기 위해 한적한 시간대를 노려 상점을 방문했다. 그러나 오후 1시부터 4시까지는 휴식 시간이라 문이 닫혀 있었다. 중동 지역의 소도시에는 여전히 낮의 더위를 피하고자 잠시 낮잠이나 휴식을 취하는 시에스타 Siesta 문화가 남아 있다. 특히 금요일 이슬람 대예배 시간이나 아침 일찍에는 문을 열지 않는 상점들도 많다. 이러한 생활 패턴에 익숙지 않은 이주자들은 종종 헛걸음을 하곤 한다.

필자 역시 고국에 잠시 다녀온 후 현지의 생활 리듬을 잊고 같은 실수를 반복한 적이 있다. 이는 기존에 몸에 밴 습관이 새로운 환경에 완전히 동화되지 못해 발생하는 무의식적 행동의 결과다. 헛걸음을 치고 나면 이런 생활 패턴이 왜 생겨났는지에 대한 근본적인 이유를 생각해 보게 된다. 냉방시설이 없던 과거의 중동 지역에서는 한낮의 작열하는 태양 아래 외출을 감행할 이는 아무도 없었을 것이다. 이러한 환경적 배경이 자연스레 일시적 휴식이라는 문화적 규범으로 자리 잡게 되었을 것이다.

그러나 지금은 상황이 완전히 달라졌다. 여름의 무더위를 잊게 만들어 줄 만큼의 강력한 냉방시설이 있고, 충분한 전력 공급도 안정적으로 이루어지고 있으며, 특히 잠재적 고객인 많은 외국인이 유입되었는데 왜 변하지 않고 이런 패턴이 유지되는지 생각해 보게 된다. 사실 처음에 이런 의문을 가지게 된 것은 현지 상황을 보다 심층적으로 이해하려는 성찰이라기보다는 헛걸음을 하게 된 행동에 대해 보상을 받고자 아직도 변하지 않은 현지 상황을 비판하는 넋두리에 가까웠다. 세상은 빠르게 변하고 있는데, 이곳은 여전히 변화의 흐름을 외면하고 과거의 방식만 고수하며 뒤처져 있다는 느낌이 들었다.

그러나 현지와 소통을 하면서 필자는 이런 판단이 외부자의 단편적 관찰에서 비롯된 피상적 견해임을 깨닫고 반성하게 되었다. 상점 주인들은 필자보다 이익 창출에 훨씬 더 민감하게 반응하여 변화의 흐름을 주시하고 타이밍을 치밀하게 고민하고 있었다. 그들은 아직 변화의 시기가 아니라고 판단해 기존 방식을 유지하고 있을 뿐, 변화의 필요성을 인지하지 못하는 것은 아니었다. 오히려 다가오는 임계점을 주의 깊게 관찰하며 다가올 변화를 준비하고 있었다.

이슬람을 국교로 삼는 중동 지역의 국가들에서는 이슬람의 대예배가 있는 금요일이 주말에 해당한다. 그래서 아라비아 반도에 있는 국가들의 전통적인 주말은 '목요일-금요일'이었다. 이러한 현지 상황을 모르고 출장 일정을 잡았다가 낭패를 보는 사업가들이 종종 있었다. 또한 중동 지역으로 이주해 온 기독인 중 일부는 주일에 예배를 드리지 못하여 어려움을 겪기도 했다. 일요일 대신 현지 주말인 금요일에 예배를 드려야 했기 때문이다.

그러다가 국제 교류가 활발해지면서 더 효율적인 시스템을 구축하기 위해 여러 나라들이 주말 제도를 '금요일-토요일'로 변경하였다. 이는 기존의 현지 관습을 존중하면서도 국제 표준에 맞추려는 타협이었다.

그러던 중 아랍에미리트는 2022년 1월 아라비아반도 국가들 중 최초로 주말을 '토요일-일요일'로 전환하였다. 이슬람의 금요 대예배를 고수하기 위해, 기존 정오에 드리던 예배 시간을 오후 1시 15분으로 늦추었고, 금요일은 오전 근무만 하는 주 4.5일 근무제를 도입했다. 이는 획기적이고 이례적인 변화였다. 중동 지역에서 국제 허브로서의 위상을 더욱 공고히 하려는 아랍에미리트의 굳은 결의를 엿볼 수 있었다.

주말 변경 소식이 발표되자 사람들은 한동안 혼란에 빠졌다. 모든 기관은 새로운 시간표를 짜고 변경된 제도에 맞춰 시스템을 정비하느라 분주했다. 처음 이 소식을 들었을 때, 필자는 솔직히 귀찮다는 생각이 먼저 들었다. 고국에서는 토·일 주말에 맞춰 생활하다가 중동에 와서는 금·토 주말 체제에 익숙해졌기 때문이다. 이미 잘 정착한 내 일정을 다시 바꾸고 싶지 않았다.

모든 거주자가 이런저런 불편을 겪었겠지만, 이러한 변화에 반기를 든 사람은 거의 없었다. 다만 '왜 하필 내가 있는 동안 이런 변화가 일어나는가'라는 작은 불만은 있을지 몰라도, 대부분은 '이제 이곳도 국제적 흐름을 따라가고 있구나' 하며 변화에 동의했을 것이다. 아마도 아랍에미리트의 주변국들은 자신들도 언제 주말제도를 변경해야 할지 고민하며 적절한 시기를 저울질하며, 그 적절한 시점을 찾기 위한 시세 읽기에 촉각을 곤두세우고 있을 것이다.

더불어 걷기

사막에서도 따라야 할 표준 시간표가 있다. 동이 트기 전 일찍 기상하여 새벽의 서늘한 공기를 마시며 하루의 에너지를 채워줄 음식을 섭취한다. 해가 떠오르면 금세 더워지기에 해 뜨기 전의 시간에는 하루의 준비로 분주하다. 이스라엘 백성들이 광야에서 햇빛이 뜨거워지기 전 이른 아침에 만나를 구하러 나갔던 이야기가 공감된다.

오전 시간은 필수적인 일들을 처리하는 시간이다. 외부인들이 보기에는 업무량이 적어 보일 수도 있지만, 이 시간에는 가장 중요한 일들을 처리해 나간다. 그리고 강렬한 태양이 하늘을 지배하는 정오 무렵, 쉼을 통해 에너지 소비를 최소화한다.

햇볕이 수그러드는 늦은 오후가 되면 다시 활동을 재개한다. 해가 지면 소량의 검불로 모닥불을 피우며 하루를 마무리한다. 자원이 귀한 사막에서는 아주 적은 양의 검불로 최소한의 시간 동안만 어둠을 밝히고, 다시 자연의 리듬 속으로 들어간다. 어둠과 함께 자연스레 잠에 들고, 새벽의 희미한 첫 빛과 함께 깨어난다. 사막의 사람들은 자연이 만들어 준 시간표에 순응하며 하루를 보낸다.

사막 횡단의 여정에도 떠나야 할 때와 멈추어야 할 때 사이의 일정한 리듬과 패턴이 존재한다. 모래바람이 몰아치는 날에는 아무리 에너지가 넘치더라도 잠시 멈춰야 한다. 반대로 하늘이 맑은 날에는 하루쯤 쉬고 싶더라도 떠나야 한다. 맑다고 방심하지 않고, 거칠다고 완전히 주저하지 않는 것도 사막에서는 또 다른 생존의 지혜다. 그렇게 해야만 보유한 식량이 다 떨어지기 전에 다음 목적지에 무사히 도착할 수 있다.

사막의 삶에도 일 년을 한 주기로 한 패턴이 있다. 겨울철이 되면 사막에서 지낸다. 이 시기에 사막은 적지만 비가 내려 가축들을 먹일 풀이 자라나기 시작하고, 연중 일교차가 비교적 적어 생활하기에 적합하다. 봄은 사막의 풀이 가장 무성해지는 계절이다. 가축들이 살찌고 새끼를 많이 낳아 젖과 고기가 풍성한 시기다. 이때 여름을 대비해 자원을 축적하고, 남는 자원은 이웃 부족과 교환하거나 판매한다. 여름철이 되면 사막의 녹지가 사라지기에 가축을 이끌고 해안가로 이동해야 한다. 이곳에서 어업을 통해 생존하며 혹서기를 견딘다. 가을이 되면 다시 사막으로 돌아갈 준비를 시작하고, 겨울 동안 머물 장소를 물색하기 시작한다. 작년에 갔던 장소를 갈 수도 있지만, 어쩌면 누군가가 미리 선점할 수도 있고, 또한 더 나은 지역을 찾을 가능성도 항상 열어두기에 사전 정탐은 필수다. 이렇게 계절의 리듬에 순응하며 살아가는 것이 사막의 삶의 방식이다.

오늘날에는 더위를 피할 각종 문명의 이기가 발달했음에도 이러한 생존 패턴의 흔적은 여전히 남아 있다. 아라비아 반도, 특히 석유 생산국들은 어디를 가든 완벽한 냉방시설이 갖추어져 있어 무더운 여름철에도 24시간 에어컨을 가동할 수 있다. 그럼에도 과거의 잔재가 아직도 남아 있음을 보게 된다.

외부에서 온 이주자들은 이러한 환경에 적응하며 기존 생활 패턴과 새로운 리듬 사이에서 고민하게 된다. 이제는 변화된 중동 지역의 환경으로 하루 일과표도 바꿔야 하는 것이 아닌지 의문을 품고, 자신이 익숙한 고국의 생활 패턴에 따라 살아가는 경향이 있다. 거주 지역이 바뀌어도 이 방식이 더 효율적이라고 생각하기 때문이다. 또한 새롭게 정착한 지역에서 빠르게 안정적인 기반을 마련하기 위해 종종 오버페이스하는 경우도 생긴다.

그러나 이런 무리한 적응 시도는 곧 신체의 경고로 돌아온다. 이를 통해 몸이 스스로 이전의 패턴을 버리라고 신호를 보낸다. 변해야 할 것은 단지 몸의 리듬만이 아니다. 업무량에 대한 기준도 새롭게 설정할 필요가 있다. 하루에 처리할 최소 업무량의 기준을 현지 환경에 맞게 재설정하는 것은 선택이 아니라 생존의 필수과정이다.

변화하는 사막은 자연이 정복하거나 극복할 대상이 아니라고 말한다. 대신 자연의 흐름을 벗 삼아, 시절에 맞춰 동행해야 한다고 가르친다. 자연의 거대한 힘은 인간의 오만함을 경계하고, 억지로 자신의 계획을 관철하려는 고집을 내려놓으라고 조언한다. 맞설 수 없는 상대 앞에서 한계를 인정하고, 한발 물러서는 지혜를 갖추라는 것이다. 하루 중 언제 쉬고, 언제 나아가야 할지를 자연이 정해준다. 이 흐름에 따르는 것은 결코 수동적인 삶이 아니다. 오히려 사막에서 가장 생존 가능성을 높이는 적극적이고 현명한 방식이다.

이처럼 리더는 시절을 읽어내는 분별력을 가져야 한다. 그 시기에 맞춰 아무리 상황이 힘들고 낙오자가 발생하더라도 어떻게든 동기부여를 해서 일으켜야 하는 것이 리더의 중요 책무이다. 동시에 넘치는 에너지를 적절히 소분해서 방출시키도록 조절하는 것도 리더의 몫이다. 시절에 맞는 우선순위를 세우고, 완급 조절을 하며, 시시각각 변하는 환경에 맞춰 에너지를 비축하거나 사용할 타이밍을 정확히 분별하는 것이 바로 사막이 주는 리더십의 핵심 항목 중 하나다.

시세 따라잡기

그렇다면 어떻게 해야 할 것인가? 시절을 분별하기 위해 우리는 무엇을 해야 하는가? 조직과 나 자신을 올바르게 이끌기 위해 어떻게 하면 때에 맞는 적절한 반응을 할 수 있을까?

첫 번째는 외부 관찰이다. 먼저는 내가 속한 환경이 어떻게 변하고 있는지 면밀히 관찰해야 한다. 현재의 상황을 객관적으로 살피며 주변 세계의 동향을 파악하고, 변화가 어느 방향으로 흐르고 있는지 트랜드를 읽어야 한다. 또한 주변 사람들과 사회가 무엇을 필요로 하는지, 요구와 기대는 무엇인지 분석해야 한다. 이 과정에서 내가 서 있는 곳에 불고 있는 바람을 전방위적으로 점검해야 한다. 이에 날카로운 관찰력과 분석력이 가장 필요로 한다.

두 번째는 내면 성찰이다. 이 과정을 통해 우리가 잘하는 강점과 보완이 필요한 약점을 객관적으로 점검한다. 우리 조직이 진정으로 원하는 것은 무엇인지, 우리의 감정과 욕구는 어떤 상태인지를 세밀하게 살펴야 한다. 또한 변화를 통해 이루고자 하는 목표와 비전이 무엇인지 명확히 확인해야 한다. 내면 성찰은 거시적인 변화 속에 우리가 취해야 할 개별적인 전략을 정리해 준다.

이 과정 속에서는 새로운 환경과 변화에 적응할 수 있는 유연성과 포용력이 요구된다. 한 번도 경험해보지 못한 예기치 않은 돌발 변수들에 대해 기존의 틀을 깨고 새로운 방식의 접근하는 창의적 사고도 필요할 것이다. 과거의 성공 공식이 더 이상 통하지 않는 순간에는 유연하고 창의적인 사고와 재구성 능력이 변화를 극복하는 열쇠가 된다.

위의 두 과정을 마쳤다면, 마지막으로 결단하고 실제적인 행동을 취한다. 내·외부 관찰과 성찰을 바탕으로 도출된 결론을 실행에 옮기는 것이 핵심이다. 이를 위해 구체적이고 실행 가능한 계획을 세우는 것이 필수적이다. 단계별 목표를 설정해 하나씩 성취하며 작은 성공의 경험을 쌓아간다. 가시적인 목표를 통해 자신의 변화 추이를 점검하고, 상황에 맞게 계획을 수정하거나 보완하며 꾸준히 재결단하고 행동을 지속한다. 변화는 단회성 이벤트가 아니다. 지속적인 피드백과 행동의 반복을 통해 새로운 패턴이 형성되고, 궁극적으로 더 나은 결과를 만들어낸다. 중요한 것은 끊임없이 점검하고, 실패해도 다시 결단할 용기를 유지하는 것이다.

시세는 내가 세운 계획표가 아니라 하늘이 부여해 준 시간표이다. 그 시간표에는 각 시기와 시절마다 반드시 지나쳐야 할 통과의례가 숨겨져 있다. 만약 사막 횡단 프로그램을 직접 기획한 주최자가 되어 자녀를 참여시켜 본 부모라면 이 말에 쉽게 동감할 수 있을 것이다. 단순히 빠르게 완주하여 좋은 등수로 골인하는 것만이 주된 목적은 아니다. 오히려 프로그램 속 구획마다 펼쳐지는 상황에서 사막이 주는 선물들을 경험할 수 있는 장치를 마련할 것이다. 그 시절에 반드시 배워야 할 것들을 익히고, 평생에 걸쳐 유용하게 사용할 근본 원리와 지혜를 터득하도록 설계할 것이다. 여러 성장통을 통해 결국 혼자서도 사막을 횡단할 수 있는 리더로 담금질 되는 것이 주된 목표가 된다.

그러나 대부분의 참가자는 주최자의 의도를 파악하지 못한 채 완주라는 한 가지 과제에만 몰두하는 경우가 많다. 그러므로 우리는 자신만의 계획표를 만들되, 하늘이 부여한 시간표에 따라 언제든 수정할 준비를 해야 한다. 그리고 그 시간표 속에 담긴 의도를 읽어내는 시세 읽기를 해야 한다.

사막의 바람은 그 어느 누구에게도 충성하지 않는다. 예고 없이 불어와 방향을 바꾸고, 때로는 우리에게 고된 흔적을 남긴다. 그 바람은 모든 이에게 공평하기 때문에 그 흐름을 읽고 활용하는 것은 각자의 몫이다. 낙타가 무릎을 굽혀야만 짐을 질 수 있듯, 우리도 인생의 중요한 순간마다 고개를 숙이고 받아들일 줄 알아야 더 멀리 나아갈 수 있다. 사막은 우리가 걸어가는 모든 시기마다 반드시 수용해야 할 도전과 배움의 커리큘럼을 제공한다. 그리고 각자의 인생을 리딩하는 리더된 우리는 시세의 흐름에 따라 적절한 시기에 적합한 행동을 해야 한다.

"당신은 지금 인생의 어떤 구획을 지나고 있습니까?"
"사막이 이 시기에 당신에게 허락한 배움은 무엇입니까?"

예기치 않게 등장한 변수들을 불평으로 응수하느라 그 시간에

누려야 할 것을 놓치지 말고, 시절에 맞춘 완급 조절로 사막의 아름다움을 만끽해 보자. 지금은 사막을 두려워할 때가 아니라, 사막과 함께 숨 쉬며 앞으로 나아갈 때다.

04 무한지평:

Clearing the Frame of Canvas

한계의 법칙

리더십 원리 중 하나로 '한계의 법칙 The Law of Lid'이 있다. 이는 리더십 역량의 수준이 그 사람 또는 그가 속한 조직의 성공 가능성에 상한선을 긋는다는 개념이다. 리더십의 역량이 낮으면 성공의 잠재력도 제한되지만, 반대로 리더십의 역량이 높을수록 성공의 가능성 역시 커진다.

이를 정량적으로 이해하기 위해 리더십 역량을 1에서 10까지로 표시한다고 가정해 보자. 만약 한 사람의 리더십의 수치가 '7'이라면, 그가 이끌 수 있는 성과의 최대치는 '7'이며, 이 이상을 끌어내기란 불가능하다는 것을 말한다. 또한 리더십이 '4~5' 수준인 리더가 '8~9'의 높은 개인 역량을 가진 팀원들을 이끌고 있다면, 조직 전체의 성과는 리더의 역량에 맞춰 '5' 수준을 넘어서기 어려울 것이다. 결국 한 조직의 최고 리더십의 상한선이 조직 전체가 발휘할 수 있는 최대 성과를 제한한다는 것이다.

리더십의 대가인 존 맥스웰John C. Maxwell은 이를 "한계의 법칙The Law of Lid"으로 명명하며, 냄비의 뚜껑lid에 비유했다. 냄비 뚜껑의 높이가 그 안에 담을 수 있는 내용물의 양을 결정하듯, 리더십의 크기가 조직의 잠재력을 제한하거나 확장할 수 있다는 것이다. 리더십은 곧 용량을 결정짓는 뚜껑이며, 이 뚜껑의 높이를 올려야 더 많은 가능성을 담을 수 있다.

그래서 한 조직이 성장의 정체기나 실패에 봉착하게 되면 이러한 상황을 타개하기 위해 가장 먼저 리더를 교체하려는 시도가 이루어진다. 이는 스포츠팀에서 자주 목격된다. 시즌 성적이 부진할 경우 감독을 교체하는 것이 가장 쉽게 분위기를 전환시킬 수 있는 쇄신 카드다. 기업에서도 지속적인 영업 손실이 발생하면, 이사회를 통해 최고 경영진을 교체하는 방식을 택한다. 물론 인원 감축, 시스템 개선과 조직 문화 혁신 등의 방안도 고려될 수 있지만, 최고 리더십의 역량이 조직 전체의 한계를 결정짓는 핵심 요소라는 점은 변함이 없다.

이처럼 한계의 법칙을 극복하기 위해서는 리더십 역량을 키우는 것이 필수적이다. 조직과 개인 모두 끊임없는 자기 계발과 리더십 향상을 통해 성공 잠재력의 크기를 확장해 나가야 한다. 그래서 많은 사람들이 자신의 성장 가능성을 최대화할 수 있는 환경을 찾아 상위 랭킹의 교육기관이나 직장으로 몰린다. 이미 검증된 기관이나 탁월한 리더십이 자리 잡은 조직 아래에서 경험과 역량을 키우며, 자신의 리더십의 한계를 점차 확장해 간다.

이러한 한계의 법칙하에 볼 때, 사막은 뚜껑의 높이가 매우 낮은, 발전 가능성이 매우 희박한 환경으로 보인다. 강렬한 태양과 고온의 날씨, 낮과 밤의 극심한 온도차는 육체적 능력을 최저치로 만들어 정상적인 신체활동을 방해한다(물리적 한계). 모래로만 가득 차 있는 사막의 메마른 풍경은 물과 식량 같은 기본 자원이 부족하고, 활용할 수 있는 재원이 매우 희박하다(자원적 한계). 그뿐만 아니라, 이곳에 모이는 사람이 적어 생기는 인적 자원과 네트워크의 부재는 새로운 배움과 시너지 창출의 기회를 차단한다. 이로 인해 사막에 머무는 사람들은 필연적으로 고립감과 외로움, 그리고 미래에 대한 불확실성 속에서 불안과 극도의 스트레스 등을 받게 된다(심리적 한계). 이 모든 요소는 사막의 환경적 한계를 더욱 낮은 수준으로 고착화시킨다. 시간이 흐르면서 가용 범위가 매우 협소한 환경요소로 인해 사람들은 이 땅을 더욱 기피 지역으로 인식하게 되고, 활용도가 더 낮아진 사막은 완전히 외면받는 버려진 공간으로 귀결되는 악순환을 겪게 된다.

지리적·지형적 특징이 만들어 낸 사막의 현실은 마치 한계의 법칙이 최저치로 그어진 환경처럼 보인다. 하지만 그럼에도 이 환경적 제한 속에서 사막의 인류는 새로운 돌파구를 만들어 내기 시작했다. 수백 년 동안 유목 생활에 갇혀 있던 사막인들이 한계의 덮개를 뚫고 나오는 돌파구가 있었으니, 그것은 바로 중개 무역이었다.

    중개 무역의 시작은 내가 가진 것이 아닌, 타인이 가진 것에 시선을 돌리는 데서 출발한다. 떠돌이 유목민은 사막의 경계를 넘어 살아가는 정착민들의 삶을 관찰하기 시작했다. 이들은 잉여 생산품을 창고에 저장하고, 미래를 예측 가능하게 대비하며 안정적인 삶을 추구하고 있었다. 정착민들의 삶은 풍요로움 속에서 아쉬움 하나 없이 살아갈 거라 여겨졌다. 하지만 유심히 들여다보니, 상한선 없이 견고한 안정성과 풍요로움을 추구하는 갈망과 결핍을 발견하였다. 이러한 결핍의 욕망은 풍요로움 속에서도 더 나은 것, 더 새로운 것을 추구하게 갈증으로 이어지고 있었다.

    사막인들은 자신들의 열악한 상황에 비관적인 태도를 취하는 대신, 타인의 필요와 욕구를 읽는 정서적 공감을 기반으로 중개 무역을 시작할 수 있는 토대를 찾아냈다. 또한 그들의 전통적인 미니멀리즘적 생활 습관은 가장 결핍된 상황 속에서도 자신을 위해 소비하지 않고, 잉여품으로 만들어 타 지역으로 수출하여 새로운 가치를 창출해 내는 중개 위한 준비를 하게 했다. 그들은 여러 지역을 다니며 각 지역의 잉여 물품과 결핍된 자원을 목록화하기 시작했다. 그리고 서로의 결핍을 보완해 줄 수 있는 지역 간의 선 긋기를 시작했다. 이제 계절에 따라 거처를 움직였던 삶에서 또 하나의 이동 목적이 생겼다. 이들은 사막 횡단의 리스크를 기꺼이 감수하며 서로의 결핍을 채워주는 상생의 교역을 실행에 옮겼다. 이로 인해 사막은 더 이상 버려진 땅이 아니게 되었다. 아시아, 아프리카, 유럽을 가로막고 있던 사막은 오히려 세 대륙을 연결하는 거대한 교차점으로 자리 잡게 되었다.

중개 무역은 사막인들에게 경제적 다각화와 새로운 고용 창출의 기회를 열어주었으며, 주변 지역으로부터 그들의 사회적 위상까지 높아지는 효과를 얻게 되었다. 결국 그들은 한계의 덮개를 뚫고 나와, 사막이라는 척박한 환경이 더 이상 성장과 발전을 제한하는 요소가 아님을 증명했다. 오히려 한계는 도약의 발판이 되었다.

중개 무역은 사막의 한계를 기회의 장으로 전환한 혁신적인 전략이 되었고, 사막인들은 고난을 이겨내는 지혜와 타인의 필요를 읽는 통찰을 통해 물리적·자원적 한계를 뛰어넘고 경제적 부를 창출하는 법을 터득했다. 이로써 이제 사막은 더 이상 척박한 생존의 공간이 아니다. 이미 번영과 연결의 중심지로 변모하였으며 수많은 길이 교차하고 문명과 문명이 만나는 거대한 통로가 되었다.

Delete & Draw

결핍의 땅 사막은 먼 길로 우회를 하더라도 피하고 싶은 곳이다. 그러나 때로는 계절의 변화에 맞춰 생존을 위해 사막에 들어가야 하거나, 피할 수 없어 부득이하게 사막을 가로질러야 할 때가 찾아온다. 이런 경우 사람들은 과거의 성공적인 횡단 사례를 참조하여 여행 계획을 세운다. 이미 누군가 성공적으로 건넌 경로는 아무런 목표물 없이 걸어가야 하는 불안한 상황 속에서 안정감을 제공하는 가이드라인이 된다. 성공한 이들의 발자국을 따라 걷는 것은 자신이 트랙에서의 이탈 없이 정도正道를 걷고 있다는 확신을 주며, 다음 오아시스까지 안전하게 도착할 것이라는 믿음을 심어준다. 하지만 기존 경로만을 고수하는 것은 또 다른 관점에서 보면 탐험의 기회를 앗아가는 족쇄가 되기도 한다. 안전우선주의는 때때로 여행자들의 호기심을 무디게 만들고, 광활한 미지의 사막에 대한 탐험의 낭만을 잃게 만든다. 정해진 경로만 따라가려는 태도는 이미 제한적인 사항이 가득한 사막에서 여정을 더욱 위축된 탐험으로 전락시킨다.

아무리 안정된 길로만 가려던 여행자들도 필연적으로 새로운 변수와 마주치게 되는 것이 사막의 여정이다. 기존 루트와 가이드북은 때로 답을 주지 못하고, 그들을 혼란의 순간에 빠뜨린다. 아무리 많은 성공 사례집들을 꼼꼼히 읽어보고, 기존 방식을 변형해 시도해도 제자리걸음만 하게 되는 순간이 온다. 이는 리더십의 부재로 이어지고, 참고하던 과거의 성공적 리더십이 더 이상 유효하지 않은 것 같은 한계를 드러낸다. 길잡이가 되어준 이전의 발자취가 모래바람 속에 지워지고, 길은 사라진다. 어떻게든 이전의 발자국들을 찾기 위해 제자리에서 맴돈다. 정체된 시간이 길어질수록 불안이 커진다. 사막 한가운데에서 길을 잃은 여행자들은 초조한 가운데 남은 자원을 소진하며 점점 더 지쳐간다. 육체적·심리적 압박은 극한으로 치닫고, 그 자리에 주저앉도록 만들어 좌절시킨다. 사막의 한복판에서 운명을 달리할 수도 있다는 불안이 임계점에 도달한다. 바로 그 순간, 삶을 이끌어주던 전제와 가이드라인이 무겁게 느껴진다. 안정과 성공을 보장할 것만 같았던 경로와 규칙들이 더 이상 나아갈 길을 열어주지 못할 때, 여행자들은 기존의 발자국을 따라가는 것을 과감히 포기하게 된다. 정답처럼 여겨졌던 기존 루트와의 작별이 새로운 해법이 되는 것이다. 안정의 환상을 벗어던지고, 새로운 길을 선택할 용기가 바로 다음 여정을 여는 열쇠가 된다.

그렇다면 기존 루트를 지워버린 지금, 무엇을 따라가야 하는가? 이에 대한 답을 친숙한 예화로 접근해 보자.

어느 날, 아내가 남편에게 장보기를 부탁했다고 가정해 보자. 여기서 아내는 가정의 살림을 총괄하며 구입할 물건들을 계획한 사람이고, 남편은 부엌일에 익숙하지 않지만 필요한 물품을 단순히 구입·운반하는 역할을 맡았다. 보통 이 상황에서 남편은 아내가 작성한 구매 목록을 들고 미션을 수행하기 시작한다. 물건을 하나씩 집으며 순조롭게 진행하던 중, 목록에 적힌 물건을 발견하지 못하는 순간 문제가 발생한다. 미션 로드맵에 오류가 생기면서 남편은 익숙하지 않은 마트 통로를 이리저리 헤매기 시작한다.

물건을 찾기 위해 왔던 길을 다시 찬찬히 돌아본다. 직원을 불러 물건이 있는지에 대한 유무를 확인하기도 한다. 그래도 물건을 찾지 못하면 결국 총책임자인 아내에게 전화를 걸어 현 상황을 고지하고, 이때는 어떻게 해야 하는지 물어 새로운 미션지로 업데이트를 한다. 이 대화 속에서 남편은 그 물건이 어떤 용도로 사용될지에 대한 이해가 생긴다. 그래서 구입해야 할 물건이 없을 경우, 용도에 맞는 대체제를 찾는다. 심지어 어떠한 것이 당장 사용해야 하는 필수품이 아닌 것으로 분류될 경우, 이번에 구입하지 못하더라도 마음이 그리 무겁지 않게 귀가할 수 있다. 남편은 장보기 미션 초기에는 단순히 목록에 적힌 물건만을 찾는 데 집중했다. 하지만 미션 수행이 막히며 한계에 부딪히는 순간, 각각의 세부 미션이 전체의 계획 속에서 어떤 역할을 하는지 파악하기 시작한다.

그때서야 전체적인 그림이 보이기 시작한다. 이제 그는 단순한 목록 수행자에서 벗어나, 상황에 맞는 새로운 선택지를 발견할 수 있는 자율적 사고를 하게 된다. 이 과정은 새로운 곁길과 가능성을 열어주는 전환점이 된다. 초기 미션의 한계를 넘어서기 위해서는 작은 목표의 의미를 큰 그림 속에서 재해석하고 새로운 접근법을 찾는 것이 무엇보다 중요하다는 깨달음을 얻게 되는 것이다.

로드맵에 따라 길을 가다가 경로를 이탈하는 경우에도 종종 이와 유사한 상황과 마주하게 된다. 처음에는 원래 경로를 되찾는 데에만 온 신경을 집중하며, 가능한 한 빨리 정상 궤도로 복귀할 수 있기를 기대한다. 내 앞에 놓인 문제를 해결하는 것에만 매달리며 말이다. 그러나 시간이 지난 후에도 그 문제가 풀리지 않는 현실과 마주할 때, 자연스럽게 질문이 바뀐다.

"나는 왜 이 문제를 해결하려 하며, 이 문제 해결을 통해 궁극적으로 얻고자 하는 것은 무엇인가?" 이렇듯 본질적인 물음을 던지며, 지금의 행동과 선택의 근거를 되돌아보게 된다.

그동안은 경로를 잘 따라가기 위해 땅만 쳐다 바라보며 걸었다. 멀리 본다고 해 봤자 고작 3-4미터 앞을 보는 게 전부였다. 당장 내디뎌야 할 한 걸음에만 몰두하다 보니 시야는 점점 좁아졌고, 사고는 근시안적으로 변해갔다. 그러다 밟고 따라가야 할 발자국이 사라지는 순간, 비로소 고개를 들게 된다. 그제야 그동안 누군가에 의해 하달된 미션만을 단순히 기계적으로 수행하며 살았던 자신과 마주하게 된다. 이 순간 미시적인 시야에 갇혀 있던 관점이 거시적으로 확장되기 시작되는 시점이 된다. 사막 여정에 관한 종합적인 시각이 생기면서, 문제를 다양한 각도에서 해결할 수 있는 접근법도 자연스럽게 떠오르게 된다. 이제 이 미션은 더 이상 상부의 명령으로 시행해야 할 누군가의 목표가 아닌 내가 스스로 이루고자 하는 나의 비전이 된다. 주인의식이 생기면서 주어진 목표는 공동의 소유가 되고, 리더의 강요나 방향 지시가 없이도 스스로 나아갈 동력을 얻게 된다. 더는 단순한 추종자가 아니다. 이제 스스로 길을 개척해 가는 리더로 등극하게 된다.

 기존에 기준이 되었던 전제들은 과거에 묻어 버리고 새로운 길을 써 내려가기 시작한다. 이전에 패인 발자국을 동일하게 밟으며 느꼈던 안도감 대신, 이 길의 끝에 오아시스가 있을지에 대한 긴장감이 나와 동행한다. 개척의 과정에서 오는 피로를 견디고 나면, 기존 궤적의 한계를 뛰어넘게 해줄 것이다. 그럼에도 누군가는 계속해서 새로운 항로의 선택을 만류할지도 모른다. 과거의 성공에조차 도달하지 못할 것이라는 불안감이 우리를 주저하게 할지도 모른다. 그러나 기억하자. 사막에는 계속해서 변칙적인 바람이 불고 있다는 것을.

 사막의 극한 상황은 분명 우리에게 많은 제약을 준다. 뜨거운 열기와 끝없이 펼쳐진 황량함은 겉으로 보기엔 극복하기 어려운 결핍의 공간처럼 보인다. 하지만 정작 우리를 가둔 것은 열악한 환경이 아니라, 오랜 세월 검증된 기존의 방법만이 유일한 해결책이라 믿었던 좁아진 사고방식이었다. 과거의 공식만이 성공으로 이끌어 줄 것이라는 믿음은 성장을 가로막는 덮개가 되어버렸다. 진정한 걸림돌은 제한된 자원이나 열악한 외부 환경이 문제가 아니라, 확장되지 않는 사고였다. 리더의 사고의 크기가 곧 한 개인과 조직이 발휘할 수 있는 잠재력의 크기와 비례한다는 사실을 우리는 종종 간과한다.

 사막의 모래바람은 이따금 깊게 팬 기존의 도로들을 흔적도 없이 덮어버린다. 마치 과거의 성공담에 매몰되지 말라는 경고처럼 말이다. 기존의 로드맵을 버리고 새로운 길을 개척하라는 상황은 리더에게 결핍의 최절정인 사막을 빈 도화지로 보게 만든다.

이전에는 이탈하지 않으려 애썼던 경로들이 하나둘 사라지고 나면, 사막은 오히려 프레임이 제거된 무한한 배경으로 변한다. 어떠한 경계도, 금지도 없는 무한의 공간. 상상력은 자유로워지고, 어떠한 브레인스토밍도 적색 신호 없이 환영받는다. 그제야 우리는 깨닫는다. 드넓은 사막은 더 이상 결핍의 상징이 아니라 새로운 도화지이며, 그 위에 스토리텔링을 덧입혀 새로운 부가가치를 창출할 수 있는 무한대의 공간이란 사실을. 이것이 바로 한계의 법칙을 뛰어넘게 만들어 주는 사막 리더십의 DNA이다.

사막에서 무기력의 정점을 경험한 리더는, 본질적인 가치들을 남기고 불필요한 것들을 덜어낸다. 단순해진 사고는 오히려 더욱 강력한 힘을 발휘한다. 사막의 게이트웨이를 통과하는 순간, 우리는 과거에 자신을 가뒀던 프레임을 제거하고, 이해하기 어려운 추상화조차 마음껏 그려볼 수 있는 창조의 자유를 얻는다.

무기력의 정점에서 본질적인 가치만을 남기고 불필요한 것들을 덜어내는 사막의 게이트웨이를 통과해 보자. 무한히 펼쳐져 있는 사막에서 자신을 속박했던 프레임을 제거하고, 이제는 무엇이든 시도해 봐도 되는 창조적 자유 속에 자신도 이해하기 힘든 그림이더라도 마음껏 그려보자. 리더가 가진 사고의 스케일이 최대 성장 한계선임을 기억하며, 생각의 규모를 확장시키는 사막으로 나아가 보자. 사막은 꿈꾸는 자에게만 길을 속삭이고, 두려움에 떠는 자에게는 조용히 자신의 존재를 감출 것이다.

Section 2.

횡단

리더십의 성장

05　지속력:

From Brown to Green

현대판 오아시스

사막은 수분 공급량보다 증발량이 많아 지속적인 물 부족 현상이 나타나는 지역을 말한다. 간단히 말하면, 강수량이 극히 적어 사막화 현상이 일어난 곳이다. 지역에 따라 평균 기온과 속한 기후대에 약간의 차이는 존재하지만, 일반적으로 연평균 기온이 10℃ 이상이고 강수량이 250mm 이하인 지역으로 정의된다. 다르게 표현하면, 연중 비가 내리는 날은 손에 꼽을 정도로 드물며, 대부분 강렬한 햇볕과 건조한 날씨가 지속되는 곳을 말한다. 이러한 기후적 특성으로 인해 식생이 거의 관찰되지 않으며, 온통 황갈색의 단색조 지면으로 덮여 있는 것이 특징이다.

그리하여 사막지대에서는 초록의 식물과 비 오는 날이 희소가치가 높은 상징적 존재로 여겨진다. 그러다 보니 연평균 강수량이 100mm 이하인 아라비아 반도의 사람들에게 좋은 날이란 화창한 날이 아니라 비가 내리는 날이다. 이런 연유로 비 오는 날을 '축복의 날'이라 부르며, 다른 지역의 날씨 개념과는 전혀 다른 정의를 보여준다.

한 번은 현지 친구들과 프로그램을 진행하던 중 비가 내린 적이 있다. 그러자 이들은 즉각 수업을 멈추고 밖으로 나가야 한다며 강력하게 제안했다. 비가 오는데 실내에 가만히 앉아 있을 수 없다는 것이었다. 모두가 거리낌 없이 밖으로 나가 온몸으로 비를 맞으며 그날의 날씨를 만끽하였다.

비가 오면 이동을 멈추고 어딘가 잠시 피해 있거나, 외출 시에는 우산이나 우비를 필수로 챙겨야 하는 필자에게는 낯선 광경이었다. 그들의 반응을 보며, 어린 시절 첫눈이 내리던 날, 추위를 아랑곳하지 않고 환호성을 지르며 하늘에서 내려오는 하얀 눈송이를 잡으려 손을 뻗었던 기억이 떠올랐다. 현지인들에게 비 오는 날은 그만큼 특별하고 희소한 사건임을 새삼 깨닫게 되었다. 특히 인간 생존에 필수적이지만 늘 부족한 물이 하늘에서 아낌없이 쏟아지기에 이날을 행복이 보장된 축복의 날로 여겼던 것이다. 더욱이 이 귀한 물은 황갈색 지면에 생명을 불어넣어 초록을 돋아나게 하는 힘을 지녔기에 더욱 소중하게 여겨졌다. 일정량의 물을 꾸준하게 공급할 수 있다면, 죽음의 땅 한가운데에서도 생명을 자라나게 하여 온 땅이 갈색빛을 띤 사막에 풀과 나무로 색깔을 입힐 수 있기 때문이다.

이러한 물의 가치는 예로부터 사막지대에서 부와 권력의 크기를 보여주는 도구가 되기도 했다. 그래서 초록이 많을수록 그 집은 부자다라는 말이 있을 정도였다. 이는 가족들이 필요한 물을 모두 사용하고도 남아 식물을 기를 정도로 충분한 물을 확보할 수 있는 재력이 있다는 것을 증명했기 때문이다. 중동 지역을 여행하다 보면 도심의 중심가나 거대한 대저택의 정원 아래 인공적으로 물을 공급하는 검은 호스가 설치된 모습을 쉽게 볼 수 있을 것이다. 이는 단순히 아름다운 조경만을 위한 장치가 아니라, 이를 통해 한 국가나 집안의 부와 국력을 외부에 과시하려는 사막 사람들의 의도가 담겨 있다.

이러한 맥락에서 이를 가장 극적으로 표현된 곳이 두바이에 있는 미라클 가든 Miracle Garden 이다. 이곳은 축구장 열 개만 한 크기에 일억 송이 이상의 꽃으로 세계 유명 건축물과 구조물들을 형상화한 세계 최대 규모의 화원이다. 이곳은 극심한 무더위가 기승을 부리는 여름 시즌에는 문을 닫고, 그나마 상대적으로 날씨가 쾌적한 겨울철에만 개장한다. 이곳에 발을 내딛는 순간, 다채로운 색상의 꽃들이 만들어 내는 경이로운 풍경에 압도될 것이다. 그리고 이것이 사막의 땅 위에서 탄생했다는 사실을 상기하는 순간, 이 정원과 이를 가꾼 사람들에게 깊은 경외감을 느끼게 될 것이다.

이와 비슷한 예를 중동 지역의 골프장에서 찾아볼 수 있다. 중동에는 사막 골프장이라는 독특한 형태의 골프장이 존재한다. 말 그대로 사막에서 골프를 즐기는 이색적인 경험이다. 처음 듣는 사람들은 부드러운 모래나 돌바닥에서 골프공이 제대로 굴러갈지 걱정할 수 있지만, 플레이어는 샷마다 작은 인공 잔디판 위에 공을 놓고 티샷을 친다. 공이 멈춘 위치로 이동한 후 다시 인공 잔디판을 깔고 다음 스윙을 이어가는 방식이다. 이러한 사막 골프는 중동에서만 경험할 수 있는 특별한 스포츠이다.

그러나 중동 지역에는 우리가 흔히 아는 푸른 천연 잔디로 조성된 정규 골프장도 있다. 이는 담수화 기술을 활용해 만성적인 물 부족 문제를 해결한 뒤, 인공적으로 물을 공급해 조성한 푸르른 오아시스 같은 공간이다. 초창기에는 이러한 골프장이 등장하면서 "골프장의 잔디를 유지하기 위해 사용하는 하루 물의 양이 도시 전체 주민들의 하루 물 사용량보다 많다", "비 오는 날이면 골프장은 엄청난 재정 절감 효과를 누린다"라는 농담이 돌기도 했다. 이렇게 막대한 재원을 들여 만들어진 골프장은 현지 주민들의 골프 사랑으로 생겨난 것도 아니었다. 비교적 저렴한 그린피와 여유 있는 예약 상황을 감안하면, 외국인 골퍼를 유치하려는 상업적 목적도 아니었다.

이것은 현대판 오아시스를 통해 자국의 역량과 국력을 과시하려는 전략적 상징물이었다. 과거 사막에서 오아시스를 중심으로 사람들이 몰려들었던 것처럼, 물을 끊임없이 공급해 메마른 갈색의 땅을 초록빛 공간으로 바꾼 것이다. 이는 수많은 외국인 근로자들에게 꿈을 이룰 발판을 제공하는 매력적인 국가의 힘을 과시하는 동시에, 주변국 사이에서 강력한 존재감을 드러내며 자국의 위상을 높이는 수단이 되었다.

더불어 사막화 현상과 녹화綠化 과정은 지속성과 밀접한 연관이 있음을 상기시켜 주고 싶다. 토지가 사막으로 변하는 것도, 반대로 사막이 녹색으로 변하는 것도 모두 끊임없는 반복과 지속적인 노력이 가능하게 만든 변화의 산물이다. 이러한 지속성의 힘은 불가능할 것처럼 보였던 곳에서도 변화를 만들어 낼 수 있음을 증명해 주는 상징적 사례가 된다.

사막 횡단

사막은 지속성을 요구하는 공간이다. 사막을 가로지르는 이들에게 지속력은 생존을 좌우하는 핵심 요소다. 안전이 어느 정도 보장되는 보금자리를 떠나 경계를 넘어서면, 끝없이 펼쳐진 사막과 마주하게 되면서 본격적인 사막 횡단이 시작된다.

처음 사막에 발을 들인 여행자들은 하늘과 맞닿은 지평선까지 아무런 장애물 없이 광활하게 펼쳐진 풍경에 경이로움을 느낀다. 그러나 처음의 웅장함에 대한 감탄이 가라앉고 나면, 곧이어 반복되는 단조로운 풍경이 끝없는 지루함과 피로감을 불러일으킨다. 오늘날 차량으로 이동하더라도 끝없이 이어지는 단조로운 풍경은 금세 무료함을 가져온다. 하물며 과거 도보와 낙타같은 느린 이동 수단으로 사막을 횡단했던 이들에게 이러한 단조로움은 더 길고 더 깊게 지속되었을 것이다.

아무리 앞으로 나아가도 전경은 변함없다. 변화의 기미조차 전혀 보이지 않고, 중간 목표로 삼을 가시적인 지점조차 존재하지 않는 밋밋함은 여행자를 쉽게 지치게 만든다. 끝없는 단조로움은 육체적·정신적 에너지를 서서히 고갈시키고, 모든 것을 체념하게 만들어 결국 그 자리에 주저앉게 하는 것이 바로 사막의 막막함이다.

그럼에도 사막은 동시에 발걸음을 재촉하는 곳이다. 지치고 쓰러지고 싶더라도, 발을 내딛지 않으면 사막에 갇혀 영영 벗어나지 못할 운명이 기다리고 있다. 따라서 아주 미세한 기력이라도 남아 있다면, 한 발자국 더 내딛도록 만드는 것이다.

사막은 운명의 갈림길에서 선택을 강요하는 공간이다. 멈추지 않으면 길이 열리고, 포기하면 그 자리에서 끝이 난다. 끈기와 인내 속에서 육체적 지속력을 연마시켜 주는 곳이 바로 사막이다. 사막은 나아가려는 의지와 물러서고 싶은 유혹 사이에서, 여행자에게 끝없는 시험을 던지는 공간이다.

지루함을 끈기로 극복하고, 육체적 피로를 지속성으로 이겨내면 사막 횡단의 결과물인 오아시스에 도착하게 된다. 마치 겨울비가 몇

번 내린 후 온통 갈색빛이던 사막에 초록의 새싹이 불쑥 돋아나는 것처럼, 사막 횡단의 여정에서 또한 아무것도 없을 것 같던 순간에 예고 없이 불쑥 목적지가 모습을 드러낸다. 지겹게 반복되었던 작은 걸음들이 모여 수만, 수억 보로 쌓이게 되어 마침내 오아시스 앞에 다다를 때, 목표를 성공적으로 수행한 리더로 인정받게 된다.

사막에서의 리더는 모래바람을 견뎌낸 피부로 증명된다. 갑작스러운 성공은 없다. 꾸준하게 한 발짝이라는 작은 성과를 축적한 과정의 법칙을 온전히 이룬 결과이다. 이는 말콤 글래드웰이 《아웃라이어 Outliers》에서 언급한 '만 시간의 법칙'과 비슷하다.

이것은 어떤 분야에서 뛰어난 전문 능력을 갖추기 위해서는 최소 10,000시간의 집중적인 연습이 필요하다는 것인데, 일정 시간 동안 동일한 행동을 반복해야 완주에 이를 수 있다는 점에서 사막 횡단과 일맥상통한다. 물론 단순히 일정 시간만 채운다고 해서 성공이 보장되는 것은 아니다. 내가 무엇이 부족한지 파악해야 하고 또한 어디로 나가야 하는지에 대한 올바른 방향 설정이 전제되어야 한다. 핵심은 장기간에 걸쳐서 진보가 보이지 않더라도 날마다 중요하게 여기는 일을 하는가에 달려있다.

지속성의 성공은 결국 우리의 일상 속 일정표에 달려있다. 지속성의 과정을 잘 견뎌낸다면 불모지인 사막 한가운데에서도 생명이 돋아나는 오아시스를 만들어 낼 수 있다. 그러나 이 과정의 리더십을 직접 통과하지 못한 사람은 허황된 비전만을 제시하는 몽상가가 되기

쉽다. 지속성의 중요성을 간과하면 성공의 결과를 과소평가하는 위험에 처할 수 있다. 이에 사막 횡단을 완주했다는 단순한 한 문장 속에는 수많은 지속성의 리더십이 주는 깊은 의미들이 내포되어 있다. 그것은 꿈을 현실로 바꿔주는 근력이자, 자신과 팔로워들에게 비전을 향해 한 걸음씩 내딛도록 일상을 만들어주는 힘이다. 특히 아무것도 보이지 않고 가시적인 성과 또한 없어 점차로 지쳐가는 상황에서도 끝까지 동기부여를 할 수 있는 지구력을 제공한다. 단조로운 길을 통과하고 불현듯이 등장한 목표물과의 조우해본 사람들만이 다른 사람들에게 보이지 않는 오아시스의 비전에 관하여 외칠 수 있다.

감정의 사막화

사막의 단조로운 환경은 육체적인 끈기와 인내, 지구력을 길러주는 지속성의 리더십을 강화하지만, 동시에 여행자의 마음과 감정을 황폐화시키는 부작용을 낳기도 한다. 사막에 비가 내리지 않아 물이 부족하여 모든 생명체가 말라 죽고 메마른 땅으로 변화하듯, 변화 없는 획일적인 환경은 마음의 활력을 서서히 고갈시킨다. 모래와 하늘만 존재하는 사막은 시각적, 감각적 다양성이 결여된 공간이다. 반복적인 풍경은 시간이 멈춰진 것처럼 느껴지고, 활동의 목적과 방향을 점차 흐릿하게 만든다. 외부 자극의 부재는 삶에 대한 흥미와 의욕이 서서히 줄어들게 만든다. 심지어는 오아시스까지 가야 할 목표조차 상실

할 수 있다.

사막에서는 다른 사람들과의 상호작용의 기회가 제한적이기 때문에 외로움과 고립감이 심화되고, 감정이 메말라 무감각해지면서 감정이 사막화되어 가는 것을 경험할 수 있다. 지속된 단조로움은 변화나 개선에 대한 기대가 사라지게 하고, 무기력과 냉소, 패배주의로 가득찬 상태로 내몰아친다. 내면 깊은 곳에 묻혀 있던 모든 부정적 감정이 표출되면서 정신적·정서적 사막화 현상을 일어난다.

바로 이때, 사막은 또 한 번 지속력을 발휘해야 할 필요성을 일깨워준다. 부정적인 감정들로 사막화되어가는 마음에 지속적인 물 대기로 황폐해진 마음에 초록의 싹이 돋아나게 하는 지속력을 요구한다. 달리 말해, 끊임없이 올라오는 부정적 감정들을 사막화시켜 버릴 지속성이 필요하다. 이를 위해 다음과 같은 물주기 작업이 필요하다.

첫 번째는 내면적 대화를 통해 부정적인 생각을 긍정적으로 전환하는 것이다. 현재의 열악한 환경 속에서 불만과 불평에 갇히기 보다는, 이 환경과 상황이 나에게 무엇을 가르쳐 줄 수 있는지를 찾아본다. 기대했던 결과가 이루어지지 않아 찾아오는 실망감과 좌절감은 장애물을 극복해 보겠다는 오기로 전환할 수 있다. 이는 긍정적 에너지로 전환시키는 계기가 된다. 또한 관계의 단절로 인한 고독과 소외감은 횡단을 맞친 이후 새롭게 관계를 설정하고, 원하는 방향을 재정비할 수 있는 리셋의 기회로 여겨본다. 반복되는 단조로운 일상에서 밀려드는 공허감은 이 여정을 통해 내면의 인내심과 끈기를 키우고 있다는 자기 격려로 전환할 수 있다. 물론 사막을 통과한 이후에도 부정적인 생각은 여전히 찾아올 것이다. 그러나 그럴 때마다 끊임없이 긍정적 관점으로 생각을 전환하려는 지속적인 노력이 필요하다.

둘째는 무미건조한 환경 속에서 새로운 작은 변화를 가미시키는 지속성을 계발하는 것이다. 이는 무료하고 평이한 일상 속에서도 디테일한 부분들을 관찰하며 새로움을 발견하는 데서 시작된다. 예를 들어, 하늘의 색 변화, 모래의 미묘한 색깔과 크기, 바람의 소리에 귀 기울이며 미세한 차이를 찾아보는 것이다. 때로는 땅의 성질에 따라 발걸음 소리가 다르게 들리는 차이를 관찰하는 것도 좋은 예가 될 것이다. 이러한 세밀한 변화와 색의 패턴, 리듬을 발견하면서 나만의 새로운 리듬을 일상에 가미할 수 있다. 작은 발견들이 일상에 활력을 불어넣고, 단조로움을 창의적으로 전환시키는 힘이 된다. 오아시스에 도달할 때까지 날마다 낯선 리듬과 새로움을 찾기 위한 꾸준함을 발휘한다면 감정의 사막화를 방지하고 지속적인 에너지를 유지시켜 줄 것이다.

마지막으로 큰 목표를 작은 단계나 구체적인 작업으로 나누어 실행력을 높이는 '목표 쪼개기'가 필요하다. 많은 시간과 에너지가 투입했음에도 가시적인 성과나 진보가 보이지 않으면 쉽게 지치고 무기력해지기 쉽다. 이럴 때는 밋밋한 사막의 환경에서 스스로 동기를 부여할 수 있는 작은 목표를 창의적으로 설정할 필요가 있다. 예를 들어, 만 보를 걸은 뒤 잠시 휴식을 취하겠다거나, 천 걸음을 걸을 때마다 레벨1로 설정해 날마다 몇 레벨까지 도달했는지를 기록해 보는 것이다. 이러한 수치화된 작은 목표는 눈에 보이지 않는 진보를 직관적으로 확인할 수 있게 도와주며, 새로운 활력과 의욕을 불어넣어 줄 것이다. 작은 성취들이 쌓이며 하나의 여정이 완성되는 순간, 그것은 단순히 목표를 달성하는 것 이상의 의미를 남긴다. 작은 단계가 모여 큰 변화를 이끌어내는 것은 꾸준함의 가장 강력한 힘임을 깨닫게 될 것이다. 이러한 것들이 마음의 사막화를 예방하는 물주기 작업이 될 수 있을 것이다.

리더는 오아시스에서 태어나지 않는다. 오아시스는 여정의 완수를 기념하며 박수와 인정을 받는 장소일 뿐이다. 진정한 리더는 사막 한복판에서 반복되는 단조로운 일상 속에서 빚어진다. 어느 한 분야에서 리더십을 지닌 사람은 그 분야의 사막을 끝까지 완주한 사람이다. 끊임없이 반복되는 단조로움 속에서도 지속성을 발휘해 사막에 길을 낸 사람, 바로 그가 리더가 된다. 사막에서 행한 지속성으로 사막의 길을 낸 사람이다.

지속성은 사막을 탈출하여 오아시스로 이끌어주는 유일한 방법이다. 그러기에 사막은 우리에게 지속성의 리더십을 선물하는 공간이다. 사막에는 끝이 있다. 단조로움도 영원하지 않으며, 여정 또한 언젠가는 끝이 난다. 그 끝에서 당신은 인내와 끈기로 무장된 새로운 자신을 발견할 것이다. 사막의 단조로운 여정은 고통의 시간이 아니라, 지속력을 강화하고 내면을 단련하는 아름다운 시간임을 기억하자.

하루의 비가 사막을 바꾸지는 못한다. 그러나 밑 빠진 독에 계속해서 물을 부어보자. 어느 순간 독이 놓인 지면에 생명이 돋아나서 금이 간 독의 밑바닥을 식물들이 가득 채워 메꾸어줄 때까지 부어보자. 내가 예상한 순간이 아니라 자연이 허락한 시기에 비로소 풀이 돋아나기 시작하고 불가능해 보였던 밑 빠진 독을 물로 가득 채울 수 있게 될 것이다. 지속력은 갈색 도화지에 초록점 하나를 찍기 시작하여 종국에는 현대판 오아시스를 만들어 갈 것이다. 작고 미세해 보일지라도, 그 초록의 점들은 결국 생명과 변화를 불러오는 시작이 될 것이다.

06 솔선수범:

Playing Coach

사막의 연대 문화

슈퍼차저 8기통 엔진을 장착하고 500마력 이상의 힘을 뿜어내는 4륜 구동 차량이라면, 어떤 사막 오프로드도 거뜬히 달릴 수 있을 것처럼 보인다. 그러나 아무리 강력한 힘을 자랑하는 차라도 사막에서는 종종 모래에 빠지는 일이 생긴다. 사막의 오프로드로 넘어왔음에도 일반 도로용 공기압을 유지한 채 사막을 달리면, 타이어의 접지 면적이 좁아져 모래 위에서 쉽게 미끄러지거나 빠지게 된다. 또한 속도 조절을 제대로 하지 못해도 문제가 생긴다. 너무 빠르게 달리면 모래 속으로 깊이 박혀버리고, 반대로 너무 느리게 가면 타이어가 헛돌며 빠지는 경우가 많다. 한번 빠진 상태에서 무리하게 액셀을 밟으면, 타이어는 더욱 깊이 모래를 파고들어 탈출을 더욱 어렵게 만든다. 그래서 사막에서는 차량의 힘만 믿고 달릴 수 없고, 타이어 공기압과 속도 조절, 그리고 운전 기술이 적절히 조화를 이루어야 한다. 그렇지 않으면 언제든지 난감한 상황에 처하게 될 수 있다.

사막에서는 언제든지, 그리고 누구든지 곤경에 처할 수 있지만, 이런 상황을 보고 망설임 없이 달려와 도와주는 사막의 사람들도 쉽게 만날 수 있다. 일반 도로이든 사막이든 상관없이 예상치 않은 곳에 차량이 멈춰 서 있다면, 자연스럽게 속도를 줄이고 상황을 살피며 말을 건넨다. 도움이 필요하다고 판단되면 자신의 목적지보다 우선하여 도움의 손길을 내민다.

필자도 여러 번 도움을 받은 적이 있으며, 반대로 현지 친구와 함께 사막을 달리다 멈춰 선 차량을 도운 경험도 많다. 이러한 연대의 문화는 단순한 친절이 아니다. '오늘 내가 돕지 않으면, 언젠가 나도 그와 같은 상황에 처할 수 있다.'는 현실적인 인식에서 비롯된, 사막에서 살아남기 위한 생존 전략이다. 동시에 어려움에 처한 사람을 돕는 것은 부족의 명예를 지키는 일이라는 깊은 신념에서 비롯된 사막의 문화이기도 하다.

그러나 아무리 문화라 해도, 한 치의 망설임 없이 실천하는 그들의 모습에는 늘 감탄하게 된다. 그리고 그 비결이 무엇인지 의문을 갖게 된다. 아마도 어릴 때부터 부모와 부족원들이 솔선수범하여 서슴

없이 도움을 주는 모습을 보고 자라왔기 때문이지 않을까 생각된다. 그렇게 몸으로 체득한 나눔과 연대의 정신은 어느새 당연한 행동이 되어 사막 곳곳에서 실천된다.

사막에서 멈춰버린 차량이 다시 달릴 수 있는 것은 강력한 엔진 때문이 아니다. 주저 없이 내민 누군가의 손 덕분이다.

끝없는 사막의 침묵을 깨는 것은
리더의 첫 발자국이다.

리더의 발자국은 용기와 결단으로 새겨지며, 뒤따르는 이들에게는 길이자 나침반이 된다.

사막은 자신을 본보기로 삼아 남들보다 앞장서 행동하는 리더에 의해 움직이는 공간이며, 그 솔선수범을 통해 리더의 영향력이 완성된다.

전통적인 사막 횡단에서 리더는 카라반의 선두에 서서 방향을 제시하는 길잡이 역할을 맡는다. 온통 모래로 뒤덮여 지형지물이 없는 사막에서 정확한 방향을 찾기 위해 모두가 리더의 발끝을 주목한다. 횡단 도중 정찰과 정탐을 위해 다른 팀원을 보낼 때도 있지만, 결국 무리를 일으켜 걷게 만드는 것은 리더의 움직임에서 나온다. 원본 자료를 보고 읽어낸 자가 움직일 때 무리도 따르는 것이다. 이에 리더의 움직임은 단순한 선택이 아니라 무거운 책임을 동반한다.

비록 리더가 1차 자료에 기반해 방향을 정했다 하더라도, 선봉의 자리가 주는 부담감은 떨쳐내기 어렵다. 만약 내가 절대 진리와도 같은 근본적 정보들을 잘못 읽어내서 틀린 길을 제시한 것은 아닌지. 그렇다면 지금 모든 팀원의 시간과 에너지를 헛되게 쓰고 있는 것은 아닌지. 이러한 질문들은 리더의 머릿속에서 끊임없이 메아리치며 내면을 흔들 수 있다. 사막의 척박함은 리더를 불확실성과 마주하게 하며, 팀원들은 초조한 눈빛으로 리더를 응시할 것이다. 목적지에 도달하기 전까지 리더는 이러한 부담을 견뎌야 한다. 흔들리지 않는 뒷모습을 팀원들에게 보이며, 선주의 자리에서 길을 안내하는 것이 솔선수범의 리더십이다.

또한 솔선수범의 리더십은 모래폭풍과 같은 예측할 수 없는 변수들을 가장 먼저 직면하는 자리이다. 다가올 위험으로부터 무리를 보호해야 할 일차적 책임을 지는 것은 리더의 몫이다. 모래폭풍으로 시야가 흐릿해지는 생존의 위기 속에서 자신이 먼저 희생하여 길을 찾아내고 안전을 확보하는 솔선수범이 요구된다. 그래서 사막 유목민의 전통 속에서 리더는 무리의 나침반이자 방패로 여긴다. 문제 앞에서 보이는 리더의 담대함은 팀원들의 모든 두려움을 잠재우고 안도감을 줄 수 있는 힘으로 작용한다. 이것이 솔선수범의 리더십에서 나오는 힘이다. 리더는 행동으로 비전을 보여주고, 위험을 감수하며, 팀원들을 보호하고 그 과정에서 리더십의 본질을 입증한다. 그럼 사막 횡단 시 필수 불가결한 솔선수범의 리더십의 특징에 대해서 살펴보도록 하자.

첫 번째로는 현장에서의 모델링을 통해 전방위적으로 리더십을 전수한다는 특징이 있다.

사막의 리더는 뜨거운 태양 아래 모래바람이 부는 현장에서 진두지휘하며 끝을 가늠할 수 없이 펼쳐진 모래사막에서 생존을 위한 사투의 최전선에서 팀을 이끄는 자다. 그는 항상 사막의 한복판에 팀원들과 함께 서 있다. 한마디 던질 힘조차 없고, 누군가의 조언을 받을 여유조차 없는 극한 현장에서 말 대신 행동으로 무리를 이끌어간다. 리더의 첫걸음이 팀의 발걸음을 결정짓듯, 늘 가장 먼저 나서고 누군가 희생해야 할 순간에는 앞장서 행동으로 보여준다. 위기 상황에서도 침착함을 유지하며, 팀 전체의 분위기를 이끌어가는 것도 리더의 태도에서 비롯된다. 변화 없는 반복 속에서 찾아오는 무료함과 심적 탈진 가운데에서도 긍정을 유지하는 리더의 태도는 팀원들에게 강력한 힘을 불어넣어 준다. 피로와 고통이 절정에 이르는 순간에도, 리더는 팀과 함께 견디며 난관을 극복하기 위해 앞장선다. 사막에서 일어나는 수많은 예측 불가능한 사건들은 리더에게 희생과 섬김, 인내 등 리더가 갖추어야 할 요소들이 어떻게 실제로 적용되는지 보여주는 현장이 된다. 현장에서 이루어지는 솔선수범의 리더십은 교실에서 이론으로만 배우는 것에서 느끼는 막연함을 현장에서의 실제 경험을 통해 본인의 것으로 내면 깊이 체화하는 학습의 시간을 준다.

특히 리더는 원대한 비전을 꿈꾸는 동시에 지극히 현실적이어야만 함을 보여준다. 거대한 비전을 실현하기 위해 지금 당장 무엇을 해야 할지 명확히 알고 행동하는 것이 중요하다. 아는 대로 행하고, 비전과 일치하는 행동을 지속적으로 실천하는 것을 자신의 삶을 통해서 여과 없이 보여준다. 실행 없는 비전은 어떠한 것도 이룰 수 없으며 하찮아 보이는 매일의 작은 행보가 목표를 이루기 위한 중요하고도 당연히 실천해야 할 기본사항임을 상기시켜 준다. 솔선수범의 리더십은 거시적인 목표를 이루기 위해 미시적인 행동을 끊임없이 이끌어가는 역할을 한다. 이 모든 것을 행동으로 보여준다.

둘째로, 어떤 리더십적 요소보다도 팀원들에게 신뢰를 기반으로 한 강력한 영향력을 발휘할 수 있으며, 이를 통해 수많은 긍정적인 효과를 만들어 낸다.

리더의 선행적 행동은 팀의 단결과 신뢰를 구축하는 핵심 요소다. 리더는 자신도 하지 못한 것들을 단순히 지시하는 존재가 아니라, 몸소 실천하며 함께 움직이는 사람이다. 오랜 기간 직접 실천하며 얻은 전문가로서의 역량을 갖춘 리더의 모습을 확인할 수 있다. 리더가 누구의 도움 없이 스스로 내딛는 첫걸음은 팀원들에게 동등한 일체감과 연대감이 형성된다. 이렇게 형성된 공감대는 깊은 감정적 유대감으로 이어지며 서로를 더욱 지지해 주는 원료가 된다.

더욱이, 조직 내 문제가 발생하더라도 이를 회피하지 않고 가장 먼저 책임을 떠안는 자세를 보인다. 책임 소재를 따지기보다 해결책을 찾기 위해 희생과 헌신을 우선한다. 이러한 리더의 모습은 문제로 인한 조직의 혼란을 최소화하는 역할을 할 뿐만 아니라, 불확실한 미래 속에서도 흔들림 없이 조직을 지탱하는 든든한 안전장치가 된다. 이는 일회적인 행동이나 성과로 얻어낸 것이 아니라, 장기간에 걸친 언행일치의 실천을 통해 쌓인 결과를 기반으로 신뢰가 구축된다.

이렇게 쌓인 리더의 신뢰는 더욱 강력한 영향력으로 이어진다. 리더의 말과 행동은 조직 전체에 울려 퍼지는 확성기처럼 더욱 깊은 무게감이 생기게 된다. 이를 통해 리더는 자신이 추구하는 철학을 바탕으로 조직의 문화를 원하는 방향으로 주도할 수 있다. 특히, 리더의 언행은 조직의 행동 지침을 주는 확실한 기준점이 될 수 있다. 또한 핵심 가치를 몸소 실천하는 리더의 모범적인 모습은 충성스럽고 유능한 후계자들을 양성하는 가장 효과적인 방법이다.

솔선수범의 리더십은 행동은 말보다 강력하다는 사실을 증명해 준다. 거창한 이상만 떠벌리는 허황된 몽상가가 아닌 묵묵히 비전을 실현해 가는 묵직한 실천가로 자리매김하게 만든다.

솔선수범의 리더십이 지닌 마지막 특징은 강력한 장점을 갖고 있음과 동시에, 분명한 한계와 부작용도 내포하고 있다는 점이다.

리더는 과중한 업무의 무게를 온전히 짊어질 수밖에 없으며, 모든 상황에서 스스로 앞장서야 한다는 압박감 속에서 끊임없이 소진될 위험에 처한다. 이러한 부담은 결국 리더가 자신의 역할을 넘어, 필수적이지 않은 일들까지 도맡게 되는 '수퍼맨 신드롬'으로 이어질 수 있다. 세부적인 업무까지 일일이 관여하는 방식은 리더의 피로를 가중시키고, 번아웃을 향해 질주하게 만든다.

또한, 솔선수범하는 리더의 강한 존재감은 의도치 않게 팀원들의 문제 해결 능력을 약화시키고, 지나친 의존도를 초래할 위험이 있다. 팀원들은 자신이 직접 판단하고 결단하는 것을 두려워하며, 위험이 수반되는 상황에서 능동적으로 행동하기보다는, 리더가 모든 상황을 정리해 주기만을 기다리는 수동적인 태도를 보일 가능성이 높아진다. 리더는 과도하게 밀려오는 업무를 처리하느라 하위 부서의 중요한 사안에 대한 결정을 지연시켜 조직의 효율성을 저하시킬 수도 있다. 리더의 과도한 개입으로 조직 내 권한 위임을 모호하게 만들고, 중간 관리자들의 역할을 약화시킨다. 필요 이상의 간섭은 팀원들의 동기부여를 침해시킬 뿐만 아니라, 자율성을 떨어뜨려 창의적인 문제 해결 능력을 마비시킬 수 있다.

더욱이, 리더의 행동과 지침이 지나치게 표준화될 경우, 변화하는 환경에서 조직을 유연한 대처 능력을 크게 저하시킨다. 이는 단순한 운영상의 비효율을 넘어, 차세대 리더 육성을 방해하는 요소로 작용할 수도 있다.

이러한 한계를 극복하기 위해서는, 리더가 솔선수범해야 할 영역을 명확하게 구분하고, 우선순위를 철저히 설정하는 전략적 사고가 필요하다. 모든 것을 스스로 감당하려는 유혹을 이겨내고, 핵심이 아닌 업무는 위임하는 것이 장기적으로 조직의 건강한 성장과 지속 가능성을 담보할 것이다. 궁극적으로, 솔선수범의 리더십은 다른 리더십 요소들과 조화를 이루며 보완되어야 한다. 명확한 장단점은 단 하나의 원칙으로 리더십이 완성되는 것이 아니라, 다양한 리더십 요소가 균형을 이루며 유기적으로 작동해야 함을 상기시켜 준다.

사막을 건너는 리더는 가장 먼저 발을 내디딜 뿐만 아니라, 가장 깊은 발자국을 남겨 뒤따르는 이들에게 방향이 되고, 새로운 여정을 열어주는 사람이다.

솔선수범의 리더는 무리에게 선포한다.

"우리가 가야 할 길은 쉽지 않을 겁니다. 모래폭풍이 불어오고, 물도 부족할 수도 있습니다. 때론 예상치 못한 변수들이 우리의 계획을 흔들어 불안할 수도 있습니다. 하지만 기억하세요. 여러분의 리더인 나는 여러분과 함께 이 길을 끝까지 갈 것입니다. 내가 가장 먼저 나아가고, 가장 깊은 발자국을 남길 겁니다. 그 발자국이 여러분이 걸어갈 길이 될 것입니다."

무리를 이끌어가기 위해서는 먼저 스스로를 리드할 수 있어야만 한다. 리더는 먼저 내딛기 위해 미루고 싶은 게으름을 떨쳐내야 한다.

안전지대를 박차고 일어나기 위해 두려움도 제거해야 한다. 자신을 가장 먼저 변화시키고 자신의 한계를 먼저 넘어야만 한다. 솔선수범의 리더십은 리더가 먼저 수행함으로 리더로서 담금질이 된다. 리더는 뒤따라올 무리에게 길잡이를 남기기 위해 걸음마다 온몸의 무게를 실어 깊은 발자국을 남긴다. 리더가 구성원들에게 줄 수 있는 가장 최고의 유산은 모범이고, 그 선행적 모범을 통해 모두가 함께 걸으며 새로운 길을 만든다.

사막에서는 희망을 말하는 자가 길을 만든다. 누군가가 희망을 붙잡고 먼저 나아갔기에, 뒤따르는 이들 또한 이 여정을 완주하여 새로운 오아시스에 도달할 수 있다.

세상에 등불이 되어줄 희망, 자신의 전 생명을 걸어도 아깝지 않은 소명에 솔선수범의 리더십을 발휘해 보자.

07 풍화작용

The Aesthetics of Dispersal

홀로 선 거인의 착각

수천 년 전 이야기이다. 지금은 광활한 사막이 되어버린 벌판 한가운데에 우뚝 솟아오른 거대한 바위산 하나가 있었다. 바위산은 그곳에서 수천 년을 살아남았으며, 세월의 흐름 속에 조금씩 변해갔다. 주변 이웃들인 태양과 바람, 물 그리고 시간은 바위산을 끊임없이 조각하며 새로운 형상으로 빚어내었다.

낮이 되면 태양은 잔인할 정도로 뜨겁게 강렬한 열기를 바위산에 내리쬔다. 바위산은 태양의 열기를 온몸으로 받아들여 뜨거워지며 온몸이 팽창하는 것을 느낀다. 그리고 밤이 되면 기온이 급격히 떨어져 열기를 식히고 차디찬 냉기를 뒤덮는다. 이렇게 낮과 밤의 극심한 온도 차는 바위 내부에 아주 미세한 균열을 아주 조금씩 만들기 시작한다. 바위산은 회피하지도 못한 채로 하루도 쉬지 않고 이 변화의 고통을 정면으로 감내해야만 했다.

바람도 쉬지 않고 바위산 주변을 휘돌며 날아다닌다. 때로는 부드럽게, 때로는 사나운 돌풍으로 모래알을 끌고 와 바위산을 때린다. 처음에는 거대한 바위에 부딪히는 모래알들이 안쓰럽게만 보였다. 그러나 세월이 지나면서 변하게 된 것은 작은 모래알이 아닌 거대한 바위였다. 바위의 표면은 매끄럽게 깎이고 심지어 산의 모양까지 바꾸어 버렸다. 바람과 모래알들의 협업은 바위산을 조각하는 문지름이 되었다.

드물게 내리는 비도 바위산의 변화에 일조한다. 바위산 표면에 안착한 빗방울은 틈새를 발견하기 위해 수색을 시작한다. 눈에 보이지도 않는 아주 미세한 틈을 기필코 찾아내 그 속으로 스며든다. 낮에는 물이 뜨거운 태양으로 증발하여 흔적도 없이 사라지는 것처럼 보이지만, 갈라진 틈을 조금씩 확장시킨다. 밤에는 얼어붙기 직전의 냉기로 벌어진 균열의 크기를 키워간다. 물방울 하나는 천천히 바위산의 심장부까지 파고들며 그 내부를 바꾸어 나간다.

수천 년 동안 그 자리에 서 있던 바위산은 수많은 모습으로 변화의 흔적을 품게 된다. 시간이 지나면서 균열은 점점 커지고, 바위산은 자신의 일부를 조각 단위로 털어 내기 시작한다. 세월이 흘러 바위산은 점점 낮아지고 매끄러운 곡선을 가진 아름다운 지형으로 변하게 된다. 그리고 결국에는 처음의 모습은 완전히 사라지고 고운 모래로 사막의 일부가 되어버렸다.

바위산은 스스로를 사막의 최고 리더로 여겼다. 그는 하늘 높이 치솟은 웅장함으로 주변을 압도하며, 거대한 성채 같은 장엄함으로 모든 이들에게 경외와 찬탄을 불러일으켰다. 어디에서나 한눈에 보이는 그 거대함은 모든 이들의 구심점이 되었고, 비록 움직일 수는 없지만, 그 고정된 존재감은 지나가는 이들에게 일시적인 이정표로서의 역할도 했다.

굳건히 서 있는 그의 위엄은 영원히 변치 않을 것 같은 불굴의 힘을 상징하며, 그 자체로 사막의 절대적 존재감을 드러냈다. 그렇게 바위산은 주변 환경과 끊임없이 영향을 주고받으며, 사막의 생태계를 이끌어가는 최고의 리더로 자리매김해 왔다.

그러나 수천 년이 흘러 자신의 모습을 내려놓고 사막의 일부가 되어보니, 바위산은 자신이 오만과 착각 속에서 살아왔음을 깨닫게 되었다. 서 있는 위치가 달라지자 이전에는 보지 못했던 것들이 시야에 들어오기 시작했고, 자신이 정의했던 리더의 의미가 얼마나 협소하고 일방적이었는지를 알게 되었다.

리더란 단순히 절대적인 힘을 지닌 존재도, 주변을 압도하며 모든 것의 중심에 서 있는 사람도 아니다. 홀로 우뚝 서서 돋보이기만을 추구하던 바위산은 구성원들이 서 있는 자리까지 내려와서야, 비로소 리더가 갖추어야 할 또 다른 덕목과 성품을 발견했다.

사막에서 수년을 견디며 바위산은 외형뿐만 아니라 내면까지도 깊은 변화를 겪었다. 원래의 모습을 잃은 데서 오는 슬픔이 아니라, 새롭게 태어나며 얻은 기쁨이었다. 비록 자기 혼자 사람들의 이목을 집중시키던 거대함은 사라졌지만, 이제는 사막의 일부로 흩어져 햇볕 아래 반짝이는 수많은 모래알 중 하나가 되어 무리와 함께 조화롭게 빛나기 시작했다.

풍화의 여정

사막은 누구도 속일 수 없는 공간이다. 끝없이 펼쳐진 모래와 바위, 그리고 가혹한 태양 아래에서는 사람들의 본래 모습이 적나라하게 드러난다. 극한의 환경은 주변인들에 대한 배려는 사라지고 원하는 것을 직접 화법으로 요구하는 솔직함을 드러내게 한다. 생존을 위해 본능적인 행동은 종종 상대를 압박하고, 이전에는 보지 못했던 이기심의 밑바닥을 드러낸다. 횡단의 여정이 길어질수록 극한 상황 속에서 구성원들 간의 갈등은 불가피해지고, 서로의 한계와 진짜 모습을 마주하게 된다.

지쳐가는 몸과 마음은 점점 무거워지고, 얼굴에는 어둠이 드리운다. 작은 자극에도 예민하게 반응하며 신경질적인 태도를 보이기 시작한다. 물이 부족해지자 누군가가 몰래 마셨을 것이라는 의심이 싹트고, 긴장감은 점점 고조된다. 길을 잠시 잃자 불안감은 서로를 향한 책임 추궁과 비난으로 번지며, 갈등의 불씨가 타오른다. 극한의 상황은 이렇게 인간의 가장 원초적인 감정들을 서서히 드러낸다.

이곳에서 드러난 나의 민낯은, 마치 바위산을 강타하는 태양빛과 바람처럼 다른 사람들을 날카롭게 찌른다. 저들은 지쳐가는 나를 보며 여분의 짐을 짊어지게 될까 봐 경계하고 나 역시 공격적으로 대응한다. 나는 그들이 이기적이라며 비난하고, 그들의 따가운 시선을 받으며 더 이상 동료로 여겨지지 않는 고립감을 느낀다.

그러나 어느 순간, 타인을 향해 무자비하게 던졌던 날카로운 찌름이 부메랑처럼 되돌아와 나의 거친 모서리를 깎아내고 있음을 깨닫는다. 철이 철을 날카롭게 하듯 나는 그들을 깎아내고 있었지만, 사막은 그들을 통해 나를 다듬고 있었다. 결코 변하지 않을 것 같던 강인함이 반작용이 되어 나를 낮추게 만든다.

이 과정을 통해 나는 그들의 일부가 되고, 그들도 서로의 일부가 된다. 날카로운 갈등과 부딪힘은 개인을 넘어선 연대를 만들어 내며, 진정한 리더와 동료를 발견하는 계기가 된다.

사막은 단순한 환경이 아니다. 그것은 인간의 본성과 관계를 시험하고 연단하는 거대한 거울이다. 사막을 횡단하는 일은 단순히 모래를 건너는 것이 아니라, 자신을 완성하고 서로를 완성해 가는 과정이다. 우리는 서로에게 삶을 가르쳤고, 사막은 우리에게 '사람다워지는 법'을 가르쳤다. 사막에서의 풍화작용은 단순히 바위가 부서지고 깎여나가는 것이 아니다. 그것은 함께 빛나기 위해 반드시 거쳐야 할 통과의례였던 것이다.

사막을 횡단하며 거센 바람과 날리는 모래에 맞아 거칠어진 여행자들의 피부를 동경하게 되었다. 그들의 거친 피부 뒤에는 이전보다 한층 부드러워진 성품이 숨겨져 있다. 바람에 실린 모래가 끝없이 떠돌며 바위산을 조각하듯, 사막을 지나온 이들의 인품 또한 횡단의 시간 속에서 다듬어졌다. 태양과 바람이 새긴 흔적이 남아 있는 피부는, 횡단을 마친 자들에게 주어지는 훈장과도 같다.

변함없는 고집스러움으로 우뚝 솟아 있던 바위산은 오늘도 자신을 조각한다. 바람과 물, 그리고 태양과 함께 춤추며 사막의 새로운 지형을 빚어내고, 그 위에 역사를 기록하고 있다. 자신의 모습을 조금씩 잃어가는 과정은 결코 헛된 일이 아니다. 자기를 비우고 부인하는 만큼, 더 많은 이들을 품을 수 있게 된다. 사막과 하나 되어 타인을 빛나게 하면서, 자신 또한 더욱 빛나는 리더로 거듭나는 여정이다.

모든 변화는 한순간에 이루어지지 않는다. 리더는 서두르지 않고, 긴 호흡으로 변화와 성장을 만들어 가야 한다. 우리의 미래는 오늘의 작은 선택과 하루하루의 일정 속에 담겨 있다. 반복되는 일상이 오랜 세월을 거쳐 단련될 때, 누구도 흉내 낼 수 없는 아름다운 걸작이 완성된다.

지금 나는 누구를 찌르고 있는가? 혹은 누구의 찌름에 고통받고 있는가?

사막의 횡단을 잠시 멈춰 서서 홀로 서 있던 바위산이 우리에게 전한 선물을 기억해본다.

그 선물의 포장지를 열기 위해, 오늘도 나는 사막의 태양과 바람 앞에 나를 맡긴다.

08 정속주행

Cruise Control

토끼와 거북이

중동의 한 작은 마을에 유세프와 유누스라는 두 형제가 살고 있었다. 그들은 매번 장사를 위해 사막을 건너 다른 도시로 향하는 여정을 떠났고, 이번에도 어김없이 출발을 준비하고 있었다. 하지만 이번 여정은 평소보다 훨씬 길고 험난한 열흘간의 횡단이었다.

유누스는 늘 그랬듯 빠르게 독적지에 도착해 먼저 물건을 공개하고 고객을 선점할 계획을 세웠다. 반면 유세프는 서두르지 않고 낙타의 걸음에 맞춰 이동하기로 마음먹었다. 출발 첫날부터 유누스는 느린 낙타의 속도에 답답함을 느꼈다. 이대로 가다가는 너무 늦어 도착했을 때 이미 좋은 기회가 사라져 버릴 것만 같았다. 결국 그는 낙타를 채찍질하며 속도를 높이기 시작했다. 유세프는 그런 유누스를 보며 잠시 흔들렸지만, 결국 낙타의 보폭에 맞춰 묵묵히 걸어갔다. 사막에서는 서두름이 위험을 부르고, 조급함이 오히려 실패를 초래할 수도 있음을 그는 알고 있었다.

여정이 중반을 넘어갈 무렵, 뜻밖에도 두 형제는 사막 한복판에서 다시 마주쳤다. 이미 목적지에 도착해 장사하고 있을 줄 알았던 유누스가 오히려 지친 기색으로 주저앉아 있었다. 깜짝 놀란 유세프가 무슨 일이 있었는지 묻자, 유누스는 초반에는 엄청난 속도로 이동했고, 자신이 그 누구보다 빠르게 전진하고 있었다고 말했다.

"처음에는 정말 대단했어. 누구보다 빠르게 갔음에도 낙타와 내 몸 상태는 여전히 좋았지." 기력이 빠진 그는 속삭이듯 말했다. 기세를 탄 그는 원래 계획보다 더 먼 도시까지 가겠다는 욕심이 생겨 목표를 상향 조정하고 더욱 속도를 냈었다고 했다.

하지만 닷새가 지나자 무리한 강행군으로 낙타도, 자신도 급격히 지쳐버린 것이다. 잠깐 쉬면 다시 출발할 수 있을 거라 생각했다. 하지만, 완전히 소진된 몸은 쉽게 회복되지 않았다. 결국 그는 며칠째 이곳에 발이 묶여 있었다.

유세프는 가던 길을 멈추고, 지친 동생을 위해 할 수 있는 돌봄과 섬김을 베풀었다. 함께 출발하고 싶었지만, 유누스는 여전히 움직일

기력이 없었다. 결국 유세프는 먼저 떠날 수밖에 없었고, 일정한 걸음으로 꾸준히 나아간 끝에 목표했던 도시에 무사히 도착했다.

이 이야기는 이솝우화 〈토끼와 거북이〉를 필자가 새롭게 사막의 풍경 속에 풀어낸 것이다. 사막에서 낙타의 걸음은 느리지만 결국 목적지에 도달한다. 느림이 생존이 될 수 있는 사막에서는 빠름이 곧 성공을 의미하지 않으며, 인내와 끈기가 오히려 생존의 열쇠가 된다. 조급함은 위험을 부르고, 스스로를 소진시키며, 끝내 목표로부터 멀어지게 한다. 반면, 꾸준함은 길을 만든다. 낙타처럼 묵묵히 흔들리지 않고 걸어가는 것이야말로 사막을 완주하는 유일한 방법이다. 무리를 이끄는 리더는 자신의 능력을 과신하기보다, 낙타처럼 끈기와 꾸준함으로 여정을 완수해야 한다. 리더의 역할은 가장 빠르게 앞서가는 것이 아니라, 가장 오래 지속될 수 있도록 팀을 이끄는 것이다. 끝까지 걸어가는 자만이 목적지에 도달할 수 있음을 낙타는 자신의 삶으로 우리에게 전해준다.

사막의 배, 낙타

UAE의 일곱 에미리트 중 하나 인 라스 알 카이마 Ras Al Khaimah에는 낙타가 자주 출몰한다고 하여 일명 '낙타 도로 Camel Road'라고 불리는 곳이 있다. 이곳에 가면 정말이지 도로를 따라 유유히 걸어가는 낙타들을 만날 수 있다. 낙타들은 사막의 황금빛 바람 속에서 태양을 품은 채, 흔들림 없는 눈빛으로 끝없는 모래를 우아하게 가로지른다. 크고 동그란 눈을 그윽하게 깜빡이며, 털로 덮인 작은 귀는 민감하게 쫑긋 세워 사막의 미세한 변화까지 놓치지 않는 듯하다. 마치 이 드넓은 땅의 주인인 듯 일어나는 모든 일을 살피며 방문객들을 맞이한다. 그들의 태도에는 조급함이 없다. 가혹한 사막조차도 낙타의 여유로운 걸음 앞에서는 고요해진다.

 낙타가 사막에서 느긋하고 평온함을 유지할 수 있는 비결은 그의 독특한 신체 구조에서 찾을 수 있다. 그의 넓고 평평한 발은 모래 속으로 파묻히지 않고 안정적으로 딛고 걸어갈 수 있도록 해준다. 두꺼운 발굽은 뜨겁게 달궈진 사막의 지면으로부터 발을 보호해 주며, 오랜 여정 속에서도 끄떡없이 견딜 수 있는 강한 내구성을 지닌다. 가늘고 긴 다리는 몸통과 거리를 두어 열이 몸으로 전달되는 것을 최소화하며, 비교적 털이 적고 얇은 피부는 체내의 열을 빠르게 방출해 효과적으로 체온을 조절해 준다.

 낙타의 길고 여러 겹으로 배열된 눈썹은 거센 모래바람 속에서도 시야를 지켜주며, 바람이 눈으로 직접 닿는 것을 막아 그 강도를 완화하는 역할을 한다. 강한 이빨과 잘 발달한 턱 근육은 단단한 사막 식물과 마른 풀까지 거뜬히 씹어 소화할 수 있도록 해주며, 두꺼운 입술은 날카로운 가시가 있는 식물도 거리낌 없이 먹을 수 있도록 보호막 역할을 한다. 그중에서도 가장 압권은 낙타의 생존 능력으로, 낙타는 한 번에 100L 이상의 물을 마시고 이를 오랫동안 체내에 저장할 수 있다. 또한 낙타의 등에 있는 혹은 지방을 비축해 두었다가 필요할 때 에너지원으로 전환하여 사막 한가운데서도 몇 주 동안 음식 없이 버틸 수 있도록 해준다. 뿐만 아니라, 100kg가 넘는 짐을 싣고도 하루에 50km 이상을 걸어가는 강인한 체력을 자랑한다.

이처럼 극한의 환경 속에서도 굳건히 살아남을 수 있는 뛰어난 생존 능력 덕분에, 낙타는 '사막의 배'라는 별명을 얻었으며, 오랜 세월 동안 사막을 건너는 이들에게 없어서는 안 될 소중한 동반자가 되어 왔다.

낙타가 사막에서 최고의 동물이라 불리는 이유를 꼽자면, 사막 환경에 적합한 뛰어난 신체 조건보다도 어떤 상황에서도 흔들리지 않는 차분함이 먼저 떠올린다.

낙타는 자신이 사막 횡단에 최적화된 동물임에도 불구하고 결코 자신을 과시하지 않는다. 그 누구 앞에서도 거들먹거리지 않으며, 오히려 사막이 처음인 듯 어리숙해 보일 정도로 덤덤하다. 처음 낙타를 접하는 사람들은 기대와는 다른 느린 걸음걸이에 실망하기도 한다. 그리고 자신의 기대에 못 미치는 느림을 조롱하며 낙타를 향해 비난을 쏟아내기도 한다. 그러나 낙타는 이에 아랑곳하지 않고, 아무런 감정의 기복도 없이 묵묵히 자신의 길을 걸어간다. 자신의 실력을 과시하려는 무모함의 유혹에도 절제하며 침묵과 무대응으로 응수한다. 급한 성공과 인정을 받는 것보다 자신의 페이스에 따른 꾸준한 전진을 택한다.

모래폭풍이 몰아칠 때도 허둥대지 않는다. 그는 바닥에 납작 웅크리고 앉아 조용히 폭풍이 지나가길 기다린다. 불필요한 에너지를 낭비하지 않으며, 힘을 써야 할 순간과 아껴야 할 순간을 정확히 분별한다. 쉴 때는 다시는 일어나지 않을 것처럼 온몸의 힘을 빼고 편히 있는다. 그러나 떠나야 할 때가 되면, 한 치의 망설임 없이 몸을 일으켜 다시 길을 나선다. 그는 어떠한 외부의 압력과 변화에도 성급하게 반응하지 않고 언제나 차분하고 신중하게 대처한다.

낙타의 진정한 강점은 바로 이 침착함이다. 고난과 역경이 닥쳐도 조급해하지 않고, 장기적인 목표를 향해 한 걸음씩 나아가는 끈기. 사막이라는 가혹한 환경 속에서도 흔들리지 않는 태도가 그를 최고의 생존가로 만든다. 중동 지역에 처음 발을 들이는 외부자들에게 낙타를 한 마리씩 선물해 주고 싶다는 마음이 든다.

중동은 유럽과 아시아, 아프리카를 연결하는 교역의 중심지로, 전략적으로도 매우 중요한 위치에 자리하고 있다. 특히 아라비아 반도는 여전히 오일머니의 힘을 바탕으로 엄청난 자금을 투입하며 거대한 프로젝트를 추진하고 있으며, 이에 참여하고 싶어 하는 전 세계 사람들이 계속 문을 두드리고 있다. 또한 이곳은 높은 1인당 GDP와 강한 소비력을 갖춘 매력적인 시장일 뿐만 아니라, 주변 아랍 국가와 아프리카로 진출하기 위한 테스트베드 역할을 하기도 한다. 물론 정치·사회·문화적으로 상당한 이질성이 존재하고 성공 돌파 사례가 적어 리스크도 있지만, 친기업적 정책과 환경이 조성된 만큼 글로벌 시장을 노리는 기업과 투자자들에게는 상당히 매력적인 기회의 땅이다.

때문에 필자는 종종 중동 시장에 진출하고자 하는 사업가들을 컨설팅할 기회를 갖는다. 그런데 이들에게서 자주 발견되는 공통점이 하나 있다. 바로 '조급함'이다. 특히 소규모 업체일수록 이런 성향이 더욱 두드러진다. 새로운 시장을 개척하려는 패기와 열정으로도 볼 수 있겠지만, 현실적으로는 협상 테이블에서 불리하게 작용하는 경우가 많다. 예를 들어, 계약을 따내기 위해 무리하게 공사 기간을 단축해 제안하거나, 신속한 물류 처리를 강점으로 내세우며 짧은 시간 내에 물품을 완납하려는 하는 경우가 많다. 하지만 사막의 사람들에게 '빠름'은 외부자가 생각하는 만큼 매력적인 요소가 아니다. 그래서 필자는 대개 이런 조항은 제안서에서 제외하는 것이 좋겠다고 조언한다. 하지만 많은 사업가분이 이것이 유사 업체와의 경쟁에서 자신들의 차별화 요소라고 생각하며 끝까지 고수하셨다. 이에 필자도 이곳은 라마단 등 다른 사업지에서 경험하지 못했던 특수성과 변수가 있으니 기간이라도 좀 늘리자는 절충안을 내놓지만, 본인들은 해낼 수 있다는 자신감으로 강행했던 적이 있었다. 결국 그 업체는 사막의 현실의 벽에 부딪혀 예상보다 두 배 이상의 시간이 걸리고 금전적 손실뿐 아니라 신뢰까지 잃게 되었다.

돌이켜 보면 나 역시 중동에서 처음 적응할 때, 하루라도 빨리 자리를 잡고 싶어 조급한 마음으로 오버페이스를 했던 날이 많았다. 새로운 환경에서 하루라도 빨리 인정받고자 나 자신을 과하게 부풀리고, 집에 돌아와 그런 나의 모습을 부끄러워했던 날도 많았다.

이런 나에게 낙타의 침묵은 괜찮다고 격려하는 조용한 응원의 목소리처럼 들린다. 낙타는 느긋하게 흔들림 없는 눈빛으로 나를 바라보며, 조급해할 필요도, 남들보다 앞서려 애쓸 필요도, 자신의 힘을 과시할 이유도 없다고 말하는 듯했다.

낙타는 무리 중 가장 약한 자의 보폭에 맞춰 걷는 것처럼, 여유로운 걸음을 조언한다. 사막을 건너기 위해서는 자연과 맞서 이길만한 체력을 길러야 한다고 말하지 않는다. 오히려 자연의 리듬에 순응하는 여유가 필요하다고 알려준다. 그 여유는 우리에게 진정한 힘이란 외부의 압박을 견디는 것이 아니라, 내면의 평정과 균형을 유지하는 데서 나온다는 깨달음을 준다. 이는 혼란 속에서도 감정적으로 휘둘리지 않고 최고의 결정을 내릴 수 있는 냉철함을 기르는 비결이기도 하다. 조급함은 단기적인 성과를 내는 촉진제처럼 보이기도 하지만, 충분한 고려 없이 내린 성급한 판단은 오히려 장기적으로 더 큰 문제를 초래할 가능성이 높다.

낙타는 겉으로 보기에는 느려 보여도, 결국 끝까지 간다. 낙타처럼 자신에게 맞는 속도에 맞추어 크루즈 컨트롤을 켜고 정속 주행을 하는 것이야말로, 에너지를 가장 효율적으로 사용하면서도 먼 길을 안전하게 완주할 수 있는 지속 가능한 전략일 것이다.

어제보다 육체적으로 쇠해진 오늘의 내가, 상대적으로 젊고 에너지가 넘쳤던 그러나 조급했던 어제를 돌아보며, 오늘은 조금 더 여유를 가지고 낙타와 보폭을 맞추어 하루를 걸어보자는 제안을 던진다.

Section 3.

거점

리더십의 정비

09 중간 기착지

Oasis Model

사막 위에 세워진 도시

아라비아 반도는 과거 척박한 환경으로 인해 유목 생활을 하는 부족들이 드문드문 정착하며 살아가던 인구가 매우 희박한 곳이었다. 그러던 중 20세기 초 석유가 발견되면서 상황이 급변하게 되었다. 대규모 유전 개발이 시작되면서 경제는 급성장하였고, 이에 따라 많은 노동력이 필요하게 되었다. 현지인만으로는 턱없이 부족한 인력을 충당할 수 없었고, 이를 보완하기 위해 수많은 외국인 근로자들이 아라비아 반도로 몰려들게 되었다. 그 결과 한때 황량했던 사막은 현대적인 도시와 각종 산업의 허브로 변모하였으며, 다양한 문화와 인종이 공존하는 국제 도시로 성장하게 되었다.

걸프 리서치센터의 2024년 〈Gulf Labor Markets and Migration〉 보고서에 따르면, GCC^{Gulf Cooperation Council} 회원국의 외국인 거주 비율은 UAE 88.5%, 카타르 87.9%, 쿠웨이트 70.1%, 바레인 53.2%, 오만 42%, 사우디아라비아 40%를 차지한다고 발표하였다. 원래 시민보다 외국인들이 극단적으로 많은 특이한 인구 구성 비율을 보인다. 이는 각국이 노동시장에서 자국민 비율을 높이는 정책^{Localization}을 추진하고, 지난 10년간의 유가 변동 및 팬데믹과 같은 큰 변수의 영향으로 외국인 노동력을 제한하는 정책을 시행했음에도 불구하고 여전히 상당한 비율의 외국인이 거주하고 있음을 보여주는 것이다. 일부 국가에서는 외국인 노동자의 수를 줄이려는 움직임과 동시에 특정 산업에서는 외국인 투자와 노동자를 유치하고 인력을 확대하려는 상반된 정책을 병행하는 모습을 보이고 있다.

소수의 토착민은 다수의 방문객과 함께 살아가면서, 이 땅을 그들에게 빼앗길 수도 있다는 불안감을 느끼지 않을까? 그리고 이러한 불안감이 방문객들에 대한 경계심이나 공격적인 태도로 이어지지는 않을까?

한편, 다수의 방문객은 소수가 차지하고 있는 매력적인 이 땅에서 주인 행세를 하고 싶은 유혹을 느끼지는 않을까? 혹은 이를 실현하기 위해 어떤 행동을 취하며, 그로 인해 토착민들과 마찰을 빚지는 않을까?

필자는 이처럼 독특한 인구 구성 비율을 지닌 아라비아 반도에서 십여 년 넘게 거주하면서 드는 여러 가지 질문을 던지며 관찰해 왔다. 결론부터 말하자면, 이곳은 우려했던 것과는 달리 상당히 안정적인 사회를 이루고 있었다. 다양한 국적의 사람들이 공존하면서 크고 작은 문제가 전혀 없다고는 할 수 없지만, 전반적으로 보았을 때 그 수는 극히 적은 편이었다. 다양한 요인이 작용하겠지만, 필자가 개인적으로 연구를 진행하며 가장 큰 요인으로 꼽은 것 중 하나는 바로 '시민권'이다.

이 지역에서 외국인이 현지 시민권을 취득하는 길은 사실상 원천 봉쇄되어 있다. 비록 장기 거주가 가능하여 세대를 거쳐 머무르는 이들도 있지만, 이들은 여전히 본래의 국적을 유지하며 '방문자'라는 정체성을 지니고 살 수밖에 없는 상황이다. 또한 저임금 근로자인 경우 가족 비자를 받을 수 없기에 본국에 있는 가족들을 이주시켜 함께 정착하는 것이 불가능하다. 그래서 외국인 근로자들은 이주한 지역에서 장기로 체류하고 정착하는 것을 준비하기보다, 본국에 있는 가족들을 부양하는 데 집중한다. 번 돈의 대부분을 본국으로 송금하며, 자신의 미래 역시 본국을 중심으로 계획한다. 그러다 보니 외국인들의 아라비아 반도로의 이주한 목적은 단순히 더 많은 돈을 버는 데 있다. 다른 지역에서는 이주지역에 영구적으로 정착하는 것을 목표로 그 과정을 밟아가지만, 시민권이 부여되지 않는 이곳에서의 최종 목표는 다르다. 이들은 완전 이주를 통해 영구적인 터전을 마련하려 하기보다, 본국의 가족들에게 재정적 지원을 하기 위해 이곳의 오아시스에서 물을 길어 나르는 역할을 수행하는 것이다. 이러한 목적을 지니고 살아가다 보니, 이주자들은 자신이 머무르는 지역에 정착하는 것에 대해 수동적인 태도를 보인다. 현지 언어나 문화를 배우려는 의지가 낮고, 현지 소식보다 본국의 뉴스에 더욱 관심을 기울인다. 특히 거주 지역에서 불만이 생기더라도, 어차피 떠날 곳이기에 문제를 제기하거나 변화를 요구하는 행동을 거의 하지 않는다. 괜히 문제를 일으켜 본국으로 강제 송환될 위험을 감수하기보다는 주어진 현실에 자신을 맞추려는 경향을 지니고 있었다.

현지인들의 경우, 외국인에게 시민권을 부여하지 않는 제도가 다수의 이주자로부터 자신들을 보호해 주는 역할을 해준다고 여긴다. 외국인들이 절대 넘을 수 없는 울타리로 인하여 현지인들이 안정감을 느낀다는 것이다. 이것은 정부의 또 다른 이주 및 노동 정책에도 반영되고 있는데, 예를 들어 시민권 유무에 따라 구직 및 급여에 관해 상당한 차이를 보였다. 특정 직업군은 시민권자에게만 개방되었고, 일정 규모 이상의 기업들에게는 법적으로 일정 비율의 현지인 고용을 의무화하면서 현지인들에게 안정적인 구직활동할 수 있는 기회를 제공했다. 또한 시민권자들은 외국인 노동자보다 높은 급여 체계를 적용받았다. 이러한 정책 덕분에 현지인들은 외국인 근로자들을 일자리 경쟁자로 여기지 않았다. 오히려 이주 노동자들은 국가 발전에 필수적인 존재로 인식되었으며, 이에 따라 외국인들에 대한 부정적인 인식이 줄어들었다.

오아시스의 법칙: 방문자와 주인의 경계

현지 정부가 현지인과 이주자 사이에 명확하게 그어놓은 경계는 양측 모두에게 '오아시스' 개념을 심어주었다. 이주자들에게 아라비아반도 국가들은 더 나은 삶이라는 목적지로 가기 위해 발판이 되어주는 중간 기착지이다. 현지인들은 자신들이 소유하고 있는 '오아시스의 물'과 이주자들이 제공해 주는 '노동력'을 맞교환을 하면서 서로가 만족하는 거래를 성사시킨다. 이주자들은 오아시스를 점령하거나 훼손할 의도가 없으며, 단지 일정 기간 머물면서 현지인들이 주도하는 거래에 참여했다가 떠나는 존재라는 것을 서로가 잘 인식하게 되었다.

결국 이러한 인식 덕분에 양측은 서로를 위협적인 존재로 보지 않았다. 오히려, 각자의 필요를 충족시켜 주는 파트너로 여기며 공존하고 있었다. '오아시스 개념'이 서로를 바라보는 부정적인 시선을 최소화하고, 상생하는 긍정적인 관계를 형성하는 데 중요한 역할을 하고 있음을 확인할 수 있었다.

전통적인 사막의 오아시스도 단순한 쉼터를 넘어 중요한 교류의 장으로서 이와 같은 역할을 수행해왔다. 오아시스의 주인들은 목숨을 걸고 사막을 건너온 방문객들을 따뜻하게 환대하며, 그들이 지친 몸을 회복할 수 있도록 물과 양식을 제공했다. 이는 단순한 호의뿐만 아니라, 외부에서 온 이들이 새로운 소식을 전하거나 가치 있는 물품을 가져올 것이라는 기대감에서 비롯된 것이었다. 오아시스에서의 교류는 마치 축제와도 같았다. 서로가 필요로 하는 것을 나누며 활기찬 시간이 이어졌지만, 이러한 환대는 최대 사흘간만 지속되었다. 그 이상 머물고자 하면 분위기는 급변했다. 오아시스의 주인은 방문객이 단순한 휴식을 넘어 다른 의도를 가지고 있다고 판단하며, 본능적으로 자신의 터전을 지키려는 방어 기제를 작동시킨다. 이때부터 방문객은 더 이상 손님, 즉 환대의 대상이 아니라, 경계의 대상이 된다. 만약 필요 이상으로 머무르고자 한다면, 이는 곧 생존을 건 갈등으로 이어질 수도 있다. 결국, 방문객에게 오아시스는 쉼과 교류를 위한 공간이지, 영원한 안식처는 아니다. 서로가 넘지 말아야 할 선을 지키며, 상호 이익이 되는 교환을 마친 후 각자의 길을 가는 것이야말로 사막의 법칙이자 공존의 방식이다.

오아시스에서 길을 찾다

사막을 횡단하는 여정과 닮은 우리의 삶도 때때로 극심한 피로와 갈증 속에서 오아시스를 만나고, 그곳에서 잠시 숨을 돌리며 다음 걸음을 위한 힘을 충전한다. 육신의 피로가 극에 달했을 때 만나게 되는 오아시스는 무척 반갑고 고맙다. 그러나 이러한 감사함도 잠시일 뿐,

기대와 다른 오아시스가 마음에 들지 않을 수도 있다. 다른 루트를 선택했다면 더 나은 오아시스를 만났을 거라는 아쉬움이 들 수도 있다. 하지만 분명한 사실은 지금 이 오아시스가 없었다면 다음 여정도 존재할 수 없다는 것이다.

　우리는 종종 불만과 비교 속에서 현재를 소홀히 여기기도 한다. 눈앞의 기회를 제대로 활용하지 못한 채 더 나은 환경만을 찾아 헤매기도 한다. 그러나 중요한 것은 어디로 갈 수 있었느냐가 아니라, 지금 이 순간 내가 무엇을 배우고 어떻게 성장하느냐다. 불평과 망설임으로 시간을 낭비하는 대신, 주어진 환경에서 얻을 수 있는 모든 것을 흡수하고 다음 단계를 준비해야 한다. 한편, 오아시스가 주는 환대에 취해 본래의 목적을 잊어버리거나 안락함에 취해 안주하고자 하는 마음을 경계해야 한다. 극한의 피로 속에서 만나 회복을 주는 오아시스이기에 모든 것이 아름답게 보이기가 쉽다. 극진히 환영해 주는 현지인들의 단편적인 모습에 이곳의 삶을 동경하게 될 수도 있다. 이곳에 정착하면 더 편안하고 풍요로운 삶을 살게 될 거라는 유혹이 들 수 있다.

　오아시스는 단지 여정의 한 지점일 뿐 결코 최종 목적지가 아니다. 우리는 그곳에서 필요한 것을 얻고 다시 길을 떠나야 한다. 오아시스는 재충전의 공간이며, 더 넓은 세계로 나아가기 위한 징검다리다. 불평 속에서 기회를 놓치지도, 안락함에 안주하여 길을 잊지도 말아야 한다. 중요한 것은 어디에 머무르느냐가 아니라, 어디를 향해 나아가느냐다. 사막을 횡단해야 할 카라반이 오아시스의 삶을 동경하며 그곳에 눌러앉는 순간, 그는 더 이상 여행자가 아니다. 오아시스를 경험하고 배우는 것은 현명한 일이지만, 그것이 내 여정을 대체해서는 안 된다. 남들의 삶을 모방하다 보면 우리는 본래의 방향을 잃고, 결국 사막 한가운데에서 표류하는 존재가 될 뿐이다. 타인의 삶에서 지혜를 얻되, 나의 길과 정체성을 잊지 않는 것. 이것이야말로 사막을 건너는 자에게 반드시 필요한 통찰이다.

'모든 카라반에게는 오아시스가 있다.لكل قافلة واحة'라는 아랍어 표현이 있다. 이는 사막에서 길을 잃더라도 오아시스가 어딘가 반드시 존재한다는 의미이며, 우리의 인생 또한 길을 잃어버리는 것이 아니라 새로운 길을 발견하고 탐험하는 것임을 시사해 준다. 광활한 사막 어딘가에는 누구나 마주할 수 있는 마르지 않는 오아시스가 숨겨져 있음을 암시하는 말이기도 하다. 이러한 오아시스의 존재는 아라비아 반도에서 오아시스 주민과 방문객 사이에 굵게 그어진 경계를 떠올리게 한다. 이 선은 분리와 배척을 위한 것이 아니라, 서로의 영역을 존중하며 지속 가능한 공존 관계를 형성하기 위한 약속이자 지혜이다. 결국 이는 각자가 온전히 자신의 길을 걸어갈 수 있도록 돕는 가이드라인이 된다. 여정의 길목에서 마주하는 오아시스는 단순한 임시 거처가 아니라, 멈추는 곳마다 만나는 이들과 상생하는 문화를 형성하며 무형의 오아시스를 만들어 내야 하는 공간이다. 머무는 순간마다 의미를 찾고, 떠나는 길목마다 더 나은 흔적을 남기는 것은 오아시스가 가르쳐준 비밀을 깨달은 자가 마땅히 실천해야 할 의무일 것이다.

　　오늘도 나는 잠시 머무르게 된 이 오아시스에 감사하며, 다시 한 걸음을 내디딘다. 우리가 소유한 시민권의 본향을 향해 나아가는 여정 속에서, 이곳에서의 머무름이 또 하나의 의미 있는 발걸음이 되기를 소망한다.

10 맛본 자

From Persistence to Acceleration

사막의 모래가 얼마나 고운지 아십니까?

"세린아! 너 아이스크림 좋아하지? 그런데 아빠가 겨울철에는 날씨가 춥다고 안 사주잖니. 한국에서 멀리 떨어져 있는 중동이라는 지역은 항상 따뜻해서 거기에 가면 네가 좋아하는 아이스크림을 일 년 내내 마음껏 먹을 수 있단다."

"연후야! 놀이터에서 모래 놀이 하는 거 재미있지? 중동 사막에는 여기 놀이터에 있는 모래보다 훨씬 곱고 이쁜 모래들이 즐비하단다. 모래를 한 줌 손에 쥐어보면 손가락 사이로 물처럼 쏟아져 내릴 정도로 부드럽단다. 또 모래 위를 걸어보면 딱딱한 지면을 밟는 느낌이 아니라 밀가루 반죽 위를 걷는 것 같은 촉감을 느낄 수 있단다. 낮에는 찜질방의 모래처럼 뜨겁고, 밤에는 시원함을 느낄 수 있어서 신비로운 대조를 느낄 수 있는 곳이 중동의 사막이야."

중동 사막의 매력을 이미 맛본 아빠가 자녀에게 이를 경험시켜 주고자 제시한 비전이었다. 필자는 그곳의 매력을 맛보았기에 가족들을 데리고 갈 수 있었다. 그리고 가족들이 좋아하는 모습을 보았기에 탄력을 받아 더 많은 무리에게 이곳에 한번 와 보라고 외칠 수 있었다.

필자가 아라비아반도에 온 남아시아 출신 저임금 노동자들을 대상으로 실시한 설문조사[1]에 따르면, 이곳에 오게 된 경위를 묻는 질문에서 응답자의 48%가 친인척(19%)이나 친구(29%)의 초청 또는 연결을 통해 이주했다고 답했다. 가장 많이 언급된 이주 경로는 취업 알선 에이전시로, 전체 응답자의 40%가 이를 통해 입국했다고 밝혔다. 그러나 단순히 에이전시를 통해 온 것이 아니라, 상당수가 주변인의 권유나 성공담을 듣고 업체와 연결되었다고 답했다. 이러한 통계 결과는 먼저 정착한 사람이 뒤따르는 이들의 이주 통로 역할을 했음을 보

---

1 Hong, Jaehoon. The Effect of Oasis Concept on the Migrant Life in the UAE: Viewpoints of Low-Wage South Asian Workers and Local Emiratis. Ph.D diss., Hankuk University of Foreign Studies, 2021.

여준다. 결국, 선발 이주자가 길을 열어주면서 연쇄적인 이주 흐름이 형성된 것이다.

무료하게 반복되는 사막 횡단에서도 경험한 자들이 탄력을 받게 되는 시점이 있다.

카라반 상인들은 향신료나 비단, 보석 등을 낙타에 가득 싣고 저 멀리 있는 도시를 향해 떠난다. 곧 막대한 부를 얻을 수 있다는 꿈을 안고 사막을 가로질러 간다. 하지만 그 길은 쉽지 않았다. 태양은 무자비하게 내리쬐고 바람은 시시각각 모래폭풍을 일으켰다. 낮에는 뜨거운 열기로 쉽사리 지쳐 한 걸음을 내딛는 것조차 버겁게 만들고, 밤에는 뼛속까지 스며드는 추위가 그들을 덮친다. 아무리 걸어도 변하지 않는 황량한 모래 언덕은 발걸음을 더욱 무겁게 만들고 무리 전체의 분위기를 어둡게 만든다. 과연 이 길의 끝에는 목적지가 있을지 의구심이 스멀스멀 올라오기 시작한다. 며칠을 쉬지 않고 걸은 끝에 무리의 선두가 소리쳤다.

"오아시스다!"

이 말이 끝나기가 무섭게, 모든 무리들의 발걸음에 힘이 들어가면서 걸음을 빠르게 재촉했다. 오아시스에 도착한 이들은 물을 마음껏 마시고 야자수의 그늘 아래 몸을 식히면서 오랜만에 휴식다운 휴식을 누린다. 여행자들이 깊은 사막에서 만나는 오아시스는 오랜 가뭄 끝에 내리는 단비 같은 축복이다. 휴식을 마친 무리는 모닥불 앞에 모여 지난 여정을 복기해보는 시간을 갖는다. 어려운 여정을 통과한 구성원들을 서로 격려하며 숨은 공로자들을 칭찬하는 시간을 가진다. 이 시간을 통해 모두가 카라반의 중요한 구성원으로 받아들여지며 강한 소속감을 느끼게 된다. 무엇보다도 가장 중요한 것은 그들이 스스로 해냈다는 사실이다. 이들은 최종 목적지에 이미 도착한 것처럼 기뻐하며 한 구간을 성공적으로 완주한 것에 대한 기쁨을 누린다. 다음 여정에 대해 더욱 자신감이 생긴다. 처음 성공에 대한 맛을 보니 두 번째 성공을 향한 강한 원동력이 생긴다. 목적지까지는 여전히 먼 길이 남아 있지만, 여정의 중간에 만난 오아시스는 그들에게 작지만 확실한 승리를 선물했다.

며칠간의 휴식을 마친 뒤 카라반 상인들은 다시 출발했다. 이들은 맨 처음 고향을 떠날 때보다 더욱 활기차 보였다. 발걸음에는 더욱 힘이 실려 있었으며 더 이상 의심하지 않았다. 앞으로 가야 할 사막의 여정은 거칠지만 모든 구성원에게는 다음에도 분명히 또 다른 오아시스를 반드시 찾아 도착할 거라는 믿음이 생겼다. 목표를 이루는 과정에서 맛본 작은 성공은 팀에게 다음 도전을 향한 강력한 추진력을 선사해준다.

사막 횡단에서 오아시스와의 만남은 향후 여정에 관하여 추진력을 얻는 모멘텀Momentum의 구간이다.

모멘텀은 원래 물리학에서 움직이는 힘이 가진 운동량을 나타내는 말로 사용되었다. 물체의 무게와 속도를 곱한 값이 모멘텀의 공식으로 물체가 무겁거나 빠를수록 멈추기가 어려워진다는 성질을 설명하고 있다. 정지한 물체를 맨 처음 움직이게 하기 위해서는 가장 큰 힘이 필요하며, 한 번 움직이기 시작하면 관성에 의해 처음보다 덜 한 에너지를 사용하고도 계속 움직임을 유지할 수 있다. 또한 이 용어는 주식이나 자산의 가격이 상승 또는 하락의 일정한 방향으로 지속되는 경향을 뜻하는 용어로서 금융 및 투자 관련 분야에서도 사용되기도 한다. 여기서는 사막을 횡단하는 여정을 하나의 과정으로 보고, 중간 기착지인 오아시스에 도착하는 순간을 모멘텀을 얻는 계기로 사용하였다. 즉 추진력을 얻는 전환점을 의미한다.

사막 횡단은 고됨이 예고된 장기 프로젝트이다. 첫발을 내딛기도 전에 무더위와 갈증, 끝없이 반복되는 무료한 여정이 어깨를 짓누르는 듯하다. 어디로 가야 할지, 중간에 포기하게 되는 것은 아닌지, 끝까지 버텨낼 수 있을지 수많은 의문이 머릿속을 스친다. 물체를 처음 움직일 때 가장 큰 힘을 쏟아부어야 하는 모멘텀 이론처럼, 사막 횡단에서 가장 어려운 순간은 모래 위에 첫 발자국을 찍는 것일 것이다. 끝이 보이지 않는 험난한 여정인 것을 알기에 시작을 위해서는 수만 가지의 망설임과 두려움을 극복해야 하는 힘이 필요하다.

이를 위해 카라반의 리더는 사막을 가로지르고 왔을 때 얻게 될 보상에 대해 묘사하며 비전을 외칠 것이다. 그리고 용기 있는 리더의 솔선수범으로 내디딘 첫발로 사막 횡단의 여정은 시작될 것이다. 첫 시작을 위해 리더는 전력을 다 쏟아부어야 한다. 한번 시작하고 난 후, 그다음은 생각보다 순조롭게 진행된다. 한 걸음을 내디디면 그다음 걸음도 보이고, 그렇게 하나씩 쌓여 길이 된다. 가장 힘든 것은 여정 자체가 아니라, 시작을 결심하는 용기였음을 깨닫게 될 것이다. 그러나 계속해서 지속력을 요구하는 횡단의 환경과 긴 여정은 이내 무리를 지치게 한다. 그렇기에 횡단의 여정에서 리더가 해야 할 일은 처음의 추진력이 끊기기 전에 목적지에 도착하는 것이다.

　　다행히 잠시 쉼을 취할 수 있는 오아시스를 만나게 되었다. 풍부한 물과 나무가 우거진 곳에서 취한 휴식을 통해 육신의 피로를 푼다. 다시 출발하려 할 때 리더는 무언가 달라진 팀의 분위기를 감지한다. 잠시 쉬었기 때문에 팀에 새로운 활력이 생겼다고 하기엔 설명이 안 되는 무언가가 더 느껴진다. 모든 구성원은 육체적인 회복으로 새로운 기운뿐만 아니라 정신적으로도 새롭게 무장된 생기와 역동성이 느껴진다. 오아시스에서 예상치 않았던 또 하나의 선물을 받게 된 것이다. 이는 사막의 한 구간을 완주했다는 성취감이다.

　　그동안 지속성의 단조로움만 경험하다가 오아시스에서 성공의 결과를 맛보게 된다. 맨 처음 발걸음을 떼어 횡단을 시작한 것만으로도 엄청난 진보를 이룬 것이었지만, 이때까지는 가상의 비전만 있었을 뿐 실제로 얻은 것이 하나도 없어 보인다. 오아시스에 도착해보니 비로소 작게나마 가시적인 성과물을 실제로 손에 쥐어보게 된 것이다. 이를 통해 미래에 최종 목적지에서 얻을 것을 꿈꾸게 된다. 한 구간을 통과한 가시적인 진보는 승리의 맛이 어떤 것인지 알게 해준다. 성취감이라는 정신적 피로회복제를 맛본 공동체는 일시적으로 분위기가 상승되는 것뿐만 아니라 조직 내에 긍정적인 문화가 형성되는 계기가 된다. 한 번 성공을 맛본 이들은 상황이 힘들고 어려워지더라도 불평 대신 격려를, 의심 대신 서로 신뢰를 하며, 비난 대신 지지해 주는 쪽으로 분위기로 바뀐다. 피로가 극에 도달하여 모든 것이 냉소적이고 부정적인 시각으로 바라보게 되는 것에서 뒤집혀 낙관적이며 미래 지향적인 관점으로 해석할 수 있는 능력이 생긴다. 또한 작은 성과라도 인정해주며 축하해 주는 문화가 생긴다. 중간 기착지에 도달해 보니 공통된 목표가 좀 더 구체적으로 생기고, 팀원 간의 강한 연대감이 조성되는 기회를 얻게 된다.

우회로

사막 횡단의 여정에서 리더의 가장 중요한 역할은 혼신을 다해 무리를 일으켜 첫 발걸음을 내딛게 하고, 그로 인해 형성된 동력이 끊기기 전에 새로운 추진력을 얻을 수 있도록 이끄는 것이다. 이를 위해 리더는 중간 기착지인 오아시스에 도달하도록 팀을 이끌어야 한다. 오아시스가 물과 쉼이라는 생존에 필수적인 요소를 제공하듯, 모멘텀은 조직이 비전을 향해 나아가는 데 반드시 필요한 추진력을 제공한다. 리더가 솔선수범하여 여정을 시작했다면, 이제는 그 추진력을 유지할 전략이 필요하다. 작은 목표를 설정하고 이를 달성하면서 성취감을 지속적으로 쌓아가야 한다. 한 번의 작은 성공은 또 다른 성공을 부르고, 이러한 과정이 반복될 때 조직은 점점 더 큰 목표를 향해 자연스럽게 나아갈 수 있는 에너지를 얻게 된다. 오아시스가 주는 가장 큰 선물은 바로 이러한 모멘텀의 중요성을 깨닫게 해준다는 점이다.

아라비아 반도의 한 나라가 불모의 사막 한가운데 거대한 인공 오아시스를 조성하며 강력한 모멘텀을 일으켰다. 국민들은 이를 성공으로 받아들이며, 승리를 이끈 리더를 더욱 신뢰하게 되었다. 그가 추진하는 변화에 적극적으로 동참할 뿐만 아니라, 주변 아랍 국가의 청년들까지 그 팀의 일원이 되기를 열망하고 있다. 그의 다음 프로젝트에 대한 기대감도 커져만 간다. 이러한 변화를 지켜본 인접 국가들도 자국 내 유사한 오아시스를 조성하겠다는 야심찬 청사진을 내놓았다. 그러나 그들의 계획은 아직 뚜렷한 모멘텀을 보여주지 못한 채, 기대보다는 의문을 자아내고 있다.

이렇게 모멘텀의 경험 유무는 조직의 문화를 완전히 바꿔 놓는다. 모멘텀이 없는 조직은 사소한 문제도 심각하게 받아들이고, 작은 난관 앞에서도 쉽게 좌절한다. 부정적인 결과에 대한 비난이 조직을 와해시키는 악순환을 초래할 수도 있다. 반면, 모멘텀을 경험한 조직은 강한 연대감을 형성하며, 어떠한 난관 앞에서도 "할 수 있다"는 태도로 문제를 바라본다. 장애물은 더 이상 위협이 아니라 해결 가능한 과제가 되고, 작은 도전조차 성장의 기회로 인식된다.

리더는 이러한 모멘텀을 활용해 조직을 움직인다. 한 구간을 완주한 작은 성공은 추진력을 얻는 전환점이 된다. 마치 스포츠 경기에서 흐름을 바꾸기 위해 작전 타임을 요청하는 것처럼, 횡단 중에 반복되는 불평만 하는 부정적인 분위기의 악순환을 끊고 새로운 흐름을 만들어 낼 수 있다. 무리가 횡단에서 성공하면 그 영광은 리더가 혼자 독식하는 것이 아니라 전체 구성원들에게 돌아간다. 분명 한 명의 현명한 리더의 인도로 성취를 이루지만, 모든 구성원도 횡단 완주라는 기념비에 자신의 이름을 새기고, 그 영광에 참여하게 된다. 전 구성원들의 가치가 높아지면서 모두가 함께 보상을 누리게 된다. 오아시스에서 가진 작전 타임은 엄청난 모멘텀을 만들어준다. 이는 이후 보이지 않는 목표를 향해 계속 나아가는 여정 속에서 팀을 더욱 강하게 움직이게 만드는 동기부여 요소가 된다. 구성원들은 리더만큼 미래를 명확히 예측할 수는 없지만, 모멘텀을 경험하며 리더의 발걸음을 더욱 신뢰하게 된다. 그리고 이러한 신뢰가 쌓이면 조직은 점차 리더의 개입 없이도 자율적으로 성장할 수 있는 단계로 나아간다. 결국, 모멘텀은 조직이 스스로 동력을 갖추고 더 높은 수준에서 성과를 내도록 만드는 강력한 원동력이 된다.

한 번의 작은 성공이 선순환 구조를 만든다. 처음 오아시스에 도착한 경험이 모든 구성원의 자신감을 끌어올리듯, 조직 내에서도 작은 성공이 더 큰 성공을 부른다. 팀원들은 더욱 적극적으로 참여하게 되고, 이는 더 큰 목표 달성을 위한 토대가 된다. 결국, 모멘텀은 단순한 추진력이 아니라, 조직이 자율적으로 성장할 수 있도록 만드는 강력한 성장 메커니즘인 것이다.

모멘텀의 가치를 깨달았다면, 목적지까지 가장 효율적인 최단거리의 직진로를 선택하기보다, 중간중간 모멘텀을 얻을 수 있는 오아시스를 경유하는 우회로가 더 나은 선택이 될 수 있다. 특히, 횡단 초심자가 많은 팀이거나, 아직 구성원의 신뢰를 충분히 얻지 못한 젊은 리더라면 더욱 이 전략을 추천한다. 중간중간 모멘텀을 형성할 오아시스를 거쳐 가면서 점진적으로 최종 목표를 달성하는 '살라미 전술Salami Tactics'을 펼쳐야 한다. 거대한 변화는 한 번에 이루기 어렵지만, 작은 성취를 경험하면 무엇이든 해낼 수 있다는 추진력이 생긴다. 결국, 최종 목표를 작은 단계로 쪼개어 하나씩 이루어나가는 우회도로가 오히려 성공을 위한 지름길이 될 것이다.

사막을 일정한 속도로 횡단하는 과정에서, 오아시스에서의 잠시 멈춤Time-out 이후에도 속도를 크게 잃지 않고 여정을 이어가야 한다. 하지만 그 순간, 팀원들은 더 오랫동안 힘을 발휘할 수 있는 지구력과 더불어 정체되는 느낌과 피로를 견딜 수 있는 저항력을 자연스럽게 키우게 된다. 어쩌면 눈치채지 못하는 사이에 팀 내에 강력한 모멘텀이 자리 잡게 될 수도 있다.

위대한 것을 꿈꾸되, 그 원대한 목표는 잠시 가슴 깊이 묻어두고, 먼저 작은 전진을 시도하자.

첫 번째 오아시스에 도착한 후, 팀원들과 비전의 일부를 나누고, 함께 꿈꾸며 나아가는 과정이 시작될 것이다. 한 번 성취의 기쁨을 맛본 사람은 다시 그 감각을 경험하고 싶어지기 마련이다. 지금 나와 우리 팀이 해야 할 일은 단 하나, 첫 번째 오아시스에 함께 도착하는 것이다.

11 집단 지성

Navigating

마즐리스

카타르 북부 알코르Al-Khor에 사는 미리암의 초대로 현지 가정을 방문하게 되었다. 때마침 친인척이 다 함께 모이는 가족 모임 날이라 기대감이 컸다. 집 마당에 도착하자, 미리암을 비롯한 가족들이 문 앞에서 나와 따뜻하게 맞아주었다.

"아흘란 와 싸흘란أهلاً وسهلاً 환영합니다."

미소를 머금은 그들의 환대가 마음을 편안하게 했다. 하지만 그 순간, 졸지에 가족이 찢어지는 상황이 벌어졌다. 나는 아들과 함께 남성들의 안내를 받아 손님 맞이용 공간인 마즐리스مجلس로 향했고, 아내와 딸은 여성들과 함께 집 안으로 들어갔다. 말로만 듣던 남녀 분리 전통을 직접 경험할 생각에 설렘이 밀려왔다.

나는 미리암과 몇몇 여성 가족원과만 친분이 있었던 터라 약간의 어색함을 느끼며 남성 가족들의 안내를 따랐다. 마당 한편에 자리한 커다란 단층 구조인 마즐리스로 들어서니, 카펫이 깔린 넓은 방에 벽을 따라 전통무늬 시트와 쿠션이 놓인 긴 소파가 기다란 형태로 연결되어 있었다. 이미 자리에 있던 남성 가족들이 모두 자리에서 일어나 나를 맞이했다. 늦게 들어온 내가 먼저 한 명씩 인사를 하며 방을 한 바퀴 돌았다. 손을 맞잡으며 나누는 아랍식 인사는 낯설지만 진심이 느껴졌다. 인사를 마치자 가장 높은 서열의 할아버지 옆에 내 자리가 배정되었다. 자리에 앉자마자 집안의 막내들이 아랍 커피Qahwa와 대추야자를 서빙하며 환영의 표시로 내 잔을 채웠다.

일렬로 앉아 있어 바로 옆 사람을 제외하고선 다른 사람과 교제하기에는 조금 어색함이 있는 내부구조였다. 하지만 옆자리의 어르신이 나에게 이것저것 질문하며 자연스럽게 자기소개 시간을 열어주었다. 나도 그분을 통해 다른 가족분들에 대한 소개를 받았다. 이야기하는 동안 내 잔이 비워질 때마다 커피를 채워주었다. 잔을 들고 흔들면서 이제는 더 이상 마시지 않겠다는 전통적인 거절의 뜻을 보일 때까지 이들의 따뜻한 환대는 이어졌다.

기도 시간이 되자 가족들은 나에게 잠시 양해를 구한 뒤 함께 이슬람 예배를 드리기 시작했다. 가장 연장자이거나 꾸란을 가장 많이 읽는 가족원이 기도를 인도한다는 설명을 들었다. 인도자의 선창에 따라 어르신부터 아이들까지 정성스럽게 예배에 참여하는 모습은 마치 예전 한국 명절에 가족들이 함께 모여 제사를 드리던 장면을 떠올리게 했다.

기도가 끝나자, 커다란 비닐을 바닥에 펼쳐 식탁처럼 사용하기 시작했다. 오늘은 특별한 손님이 왔다며 양 한 마리를 잡아 요리했다고 한다. 양의 형태를 어느 정도 짐작해 볼 수 있을 정도의 뼈대와 함께 음식들이 가득 담긴 커다란 쟁반을 들고 왔다. 여러 부위를 직접 뜯어 주면서 양요리를 제대로 즐길 수 있도록 정성껏 대접해 주었다. 끊임없는 권유에 거부할 틈도 없이, 어느새 포만감이 절정에 이를 때까지 음식을 즐기고 말았다.

식사를 마치자 다시 소파로 돌아가 느긋하게 대화를 이어갔다. 분위기는 한층 더 자유로워졌다. 몇몇 삼촌들은 탁구대를 설치해 탁구 시합을 준비했고, 아이들은 TV 앞에 모여 비디오 게임을 하기 시작했다. 식사 전까지는 어르신을 중심으로 집중된 대화와 함께하는 분위기였다면, 이제는 각자 자유롭게 시간을 보내는 분위기가 되었다. 나도 대화 속에 녹아들다 비디오 게임에 참여했고, 탁구 시합에도 끼어들어 시합을 즐겼다. 이후 몇몇 가족이 인근 농장을 구경시켜 주며 늦은 밤까지 이야기가 이어졌다.

우리를 맞이해주었던 마즐리스는 따뜻한 환대와 깊이 있는 대화가 끊이지 않는 곳, 세대와 세대가 연결되는 특별한 장소였다. 그들과 함께했던 그날 밤의 기억은 하나의 오래된 이야기이자, 새로운 시각을 열어준 값진 경험으로 나의 가슴 속에 남아 있다.

아랍어로 '회의' 혹은 '집회'의 뜻을 지닌 마즐리스는 손님을 맞이하는 특별한 공간을 말한다. 주로 아라비아 반도의 가옥에서 흔히 볼 수 있는 이 공간은 본채와는 분리된 별도의 건물로 사용된다. 사막의 토착민들이 천막이나 동굴에서 공동 생활을 하던 시절, 집은 하나의 큰 공간으로 이루어져 있었다. 집 안에 여러 개의 방이 나뉘어 있지 않다 보니, 귀한 손님이 방문하면 가장 좋은 자리인 안방을 내어주며 환대하곤 했다. 하지만 손님과 가족이 한 공간에 머물러야 하는 불편함이 있었고, 이러한 구조적 한계를 극복하기 위해 집 외부에 손님을 위한 공간인 마즐리스를 따로 마련하게 되었다. 마즐리스는 손님과 가족을 자연스럽게 분리하면서도 아랍 전통의 따뜻한 환대를 유지하는 지혜로운 공간이다. 손님이 집안 깊숙이 들어오는 것을 피함으로써 가족, 특히 여성들에게 안정적이고 사적인 공간을 보장할 수 있었다. 그러면서도 손님을 극진히 환대하며 사회적 교류와 신뢰를 쌓는 장소로서 기능했다. 이러한 전통은 손님 접대를 중요시하는 아랍 문화의 본질을 잘 보여주는 사례다. 가족 공간조차도 넉넉지 않았던 시절, 손님을 위해 별도의 공간을 마련하는 것은 단순한 접대가 아니라 진심을 다한 배려였다.

오늘날 마즐리스는 단순히 전통 가옥의 일부가 아니라, 교류와 나눔, 신뢰의 상징으로 자리 잡았다. 이 공간은 여전히 손님을 맞이하고, 지혜와 이야기를 나누는 특별한 장소로 사랑받고 있다.

집단 지성과의 만남

마즐리스는 사막의 오아시스가 그곳의 거주민과 외부 방문객이 만나는 접점이 되어 준 것처럼, 한 집안과 외부 세계를 연결해 주는 다리 같은 공간이다. 집안은 외부로부터 분리되어 사생활을 보호하면서도, 외부와의 소통을 위해 열어둔 창구와 같은 역할을 한다.

마즐리스는 무엇보다도 손님을 맞이하는 공간으로 활용된다. 이웃을 초대해 차와 담소를 나누며 환대 문화를 실천하는 중심지가 된다. 또한, 대가족이 매주 함께 모여 교제하고 중요한 의사결정과 협의를 하는 장소로도 사용된다. 이 모임을 통해서 어르신들은 자녀들에게 삶의 지혜를 전수하고, 종교적 행위를 함께하며 신앙과 전통을 이어간다.

더 나아가 마즐리스는 지역 사회의 허브 역할도 한다. 사람들은 이곳에서 정보를 교류하고 관계를 형성하며, 연결의 장으로도 활용된다. 카타르의 유력 가문 출신인 하마드 아저씨는 자신의 집과 별개로 다른 지역에 커다란 마즐리스를 소유하고 있었다. 그는 이 마즐리스를 매주 금요일 이슬람의 대예배 후 누구든지 식사를 할 수 있는 열린 공간으로 사용했다. 라마단 기간이면 더욱 특별해져, 매일 저녁 단식을 마치면 이프타르를 준비해 이웃들에게 음식을 제공했다. 이로 인해 소문을 듣고 이곳을 찾아오는 사람들도 많았다. 심지어 집주인을 전혀 모르는 이들조차 자유롭게 들어와 식사를 하고 대화를 나눴다. 처음엔 이러한 광경이 낯설었지만, 나도 그들과 대화를 나누며 이곳이 얼마나 열린 공간인지 점점 이해하게 되었다. 이런 마즐리스에서는 주인과 미리 약속을 잡고 만남을 갖기도 하지만, 약속 없이 이곳에 들려서 그곳에 있는 사람들끼리 대화를 나누기도 한다. 때로는 집주인을 만나지도 못한 채 방문객끼리 자유롭게 회동을 갖고 떠나기도 한다. 이곳은 한 개인에 속한 사유재이지만, 동시에 모두에게 열려 있는 공공재로 사용되고 있다.

마즐리스에서는 방문객이 상석이나 주인과 얼마나 가까운 자리에 배치되었느냐에 따라 주인과의 친밀도를 짐작해 볼 수 있을 뿐, 국적이나 나이에 상관없이 누구와도 대화할 준비가 되어 있는 곳이다. 손님들은 주인장의 따뜻한 환대 속에서 여행담을 나누고, 정보와 의견을 교환하며, 서로의 경험에서 우러나온 지혜를 배울 수 있는 공간이다. 과거 사막의 오아시스에서 이루어졌던 이야기와 교류의 분위기를 현대에도 그대로 재현하는 장소다. 이곳에서 사람들은 마음을 열고, 지혜를 나누며, 끊임없는 배움과 친교를 통해 새로운 인사이트를 얻는다. 마즐리스는 단순한 공간을 넘어, 현대판 오아시스이자 교류의 허브이다.

마즐리스에서 배우는 리더

또한 마즐리스는 단순한 만남의 공간을 넘어, 리더십이 발휘되고 전수되는 중요한 장소다. 부족장과 리더들이 이곳에서 영향력을 행사하고 공동체의 중요한 결정을 내리며, 차세대 리더들을 양성한다. 리더들 간의 네트워크와 만남이 이루어지는 마즐리스는 다음과 같은 독특한 리더십 특징을 보여준다.

첫째, 마즐리스는 무엇보다 경청의 문화를 중시한다. 부족원들이 문제를 해결하기 위해 부족장을 찾아와 상황을 하소연하는 것처럼, 마즐리스의 리더는 먼저 의견을 경청하고 공감한 뒤에 해결책을 모색한다. 리더는 구성원의 말을 가만히 듣고, 그들의 필요와 문제를 세심하게 파악하며, 단계적으로 해결책을 제시한다. 때로는 리더가 먼저 중요한 이슈에 대해 입을 열기도 하지만, 일반적으로 마즐리스에서는 경청이 선행된다.

두 번째 특징으로는 직접 소통을 통해 투명성이 확보된다는 것이다. 구성원들은 리더와 직접 대면하여 소통한다. 대화는 공개적으로 진행되기에 모든 과정이 숨김없이 노출되고 이 과정에서 마즐리스에 함께 있던 자들이 이 대화의 증인이 된다. 교차 확인을 할 수 있는 증인이 확보되고 투명성 있는 과정을 통해 신뢰할 수 있는 교류가 이루어진다. 특히 구성원 사이에서 일어난 분쟁을 해결하기 위해 리더에게 중립적이고 공정한 결정이 요구되는 상황에서 이 특징은 더욱 큰 신뢰를 구축해 준다.

셋째로 집단 지성을 통한 학습 공동체를 마련해준다. 모든 구성원들이 자유롭게 의견을 내고, 경청을 통해 다양한 관점과 경험을 배우며 성장할 수 있는 분위기를 조성한다. 서로 간의 대화를 통해 영감을 주고받는 과정을 거쳐 타인에 대한 공감 능력이 향상되며 새롭고 혁신적인 시각을 얻기도 한다. 이곳에서 오랜 세월을 살아온 선배들의 이야기와 조언을 통해 구성원들은 짧은 순간이지만 긴 호흡을 하며 미래를 내다보는 통찰을 얻는다. 마즐리스는 경험과 지혜가 만나 새로운 안목을 열어주는 공간이다.

이렇듯 마즐리스는 함께 배우고 성장하는 학습 공동체이자, 집단 지성을 통해 자신을 비추어보는 거울이다. 인생이라는 끝없는 항해 속에서, 올바른 항로로 나아가고 있는지 점검하고 필요에 따라 방향을 재탐색하는 타임아웃의 시간을 제공한다. 내비게이션의 지도 정보가 주기적으로 업데이트되듯, 마즐리스는 끊임없이 변화하는 환경을 인지하고 조직의 비전과 목표를 새롭게 조정할 수 있도록 돕는다.

특히 윗세대나 다른 사람들과 단순한 정보 위주의 소통을 넘어 교감하면서, 정서적인 판단력까지 높여주는 역할을 한다. 이는 뭐든지 급변하는 세상 속에서 혼자만의 생각에 갇히지 않도록 하고, 유연한 사고와 확장된 시야를 갖게 해준다. 주변인들과의 공감대가 형성되는 과정과 결과를 도출해 낸다. 오늘날 온라인의 오픈 소스를 통해 엄청난 양의 지식에 손쉽게 접근할 수 있는 시대이지만, 마즐리스는 직접적인 인간관계를 통해 행간에 숨겨진 지혜와 통찰력의 가치를 되살리는 공간이다. 윗세대의 경험에서 배우고, 과거의 성공과 과오를 통해 현재를 분석하며, 미래를 설계하는 곳이기도 하다. 희망찬 미래를 꿈꾸되, 앞에 놓인 장애물을 과소평가하거나 자기합리화하지 않고, 현실을 직시하게 해주는 곳, 새로운 항로를 정하기 위해 과거의 경험과 지혜를 바탕으로 현재의 자기 성찰이 이루어지는 곳, 그리고 지속적인 학습을 통해 혁신의 발걸음을 내디딜 수 있도록 돕는 곳이다. 사막을 횡단하는 여정에서, 걸어온 길의 연속성에 의해 방향이 결정되는 것이 아니라 스스로 방향을 결정하는 주체가 되도록 하는 것이 바로 마즐리스의 역할이다.

익숙함에서 벗어나 자신을 객관적으로 바라보며 재정비할 수 있는 공간이자 주기적으로 집단 지성과 만나는 거점이 되는 자신만의 마즐리스를 만들어보자. 그곳에서 자신을 더 나은 방향으로 이끌어줄 지혜와 용기를 얻게 될 것이다.

12 미니멀리즘

NEED vs. WANT

와디 하이킹

건조한 사막지대에는 우기나 폭우가 내린 뒤 일시적으로 물이 흐르는 간헐천인 와디(wadi)라는 곳이 있다. 이곳은 사막 지대에서만 볼 수 있는 독특한 지형적 특징으로 겨울철 기온이 비교적 온화하고 쾌적한 날씨에 하이킹 명소로 인기가 많은 지역이기도 하다. 물길의 흔적은 평탄한 하류를 출발지로 시작하여 좁고 깊은 협곡의 아름다움이 있는 상류로 연결해 주는 안내자 역할을 한다. 특정 시기에만 허락되는 와디 하이킹은 깊은 사막의 숨겨진 매력을 볼 수 있도록 허락해 준다. 특히 가을날의 단풍잎이 시간에 따라 변화무쌍한 모습을 보이듯, 와디 또한 최근 비가 내린 양과 풍화작용의 정도에 따라 지표면의 고르기와 자갈밭을 뚫고 나온 식물로 인한 초록색 채도 등에서 다채로운 모습을 보인다.

하루는 현지 친구가 하이킹하기 좋은 와디를 발견했다고 하여 함께 길을 나섰다. 우리는 자연과 교감하며 탐험 정신을 자극받으며 와디의 시작점인 상류 계곡을 향해 걸어 올라갔다. 걸은 지 한 시간쯤 지났을 때, 이제 조금 더 간 뒤 되돌아가야겠다고 생각하던 찰나, 계곡의 길을 정비하고 있는 세 명의 인부들을 만났다.

인적이 드문 곳에서 만났다는 반가움과 이 깊은 협곡에서 무슨 일을 하고 있을까 하는 궁금함에 말을 건넸다. 그들은 지역 정부에서 고용된 노동자로, 협곡의 정상부에서 선조들의 묘지가 발견되어 가파른 협곡에서 바로 올라갈 수 있는 계단을 만들고 주변 지역을 정비하는 일을 하고 있다고 했다. 이들은 중장비 하나 없이 그저 삽과 곡괭이를 이용한 고전적 방식으로 공사를 하고 있었다. 업무가 상당히 버거워 보였지만, 차량으로 접근할 수 없는 깊은 협곡에서 진행되는 공사이기에 대형 장비를 사용하지 못하는 것이 당연해 보였다. 그나마 다행으로 여겨졌던 것은 이곳을 급하게 관광지로 개발하려는 것이 아니기에 여유롭게 공사가 진행되는 것처럼 보였다.

이곳은 모바일 데이터는 물론이고 일반 전화의 수신 전파도 잡히지 않는 고립된 지역이었다. 아무도 살지 않는 곳이기에 전기나 하수 시설도 당연히 갖추어지지 않았다. 이러한 곳에서 숙박하면서 공사를 진행하고 있는 노동자들은 매우 단출한 삶을 살고 있었다. 이들을 위한 숙박 시설은 세 명이 겨우 누울 만한 작은 임시 건물 하나와 조금 떨어진 곳에 마련된 간이 화장실이 전부였다. 태양열 집열판을 통해 생활에 필요한 최소한의 전기를 얻고, 일주일에 한 번 근처 마을로 내려가 한 주 동안 먹을 음식을 조달하며 휴식을 취한다고 했다. 숙소 내부 또한 매우 간소했다. 여벌의 옷 몇 벌, 물병, 음식, 냄비 두 개, 컵, 그리고 버너가 전부였다.

　이들은 잠시 휴식 시간을 갖기로 하고, 우리에게 차를 대접하겠다고 했다. 이들의 소박한 생활 환경을 이미 보았기에 차 대접을 극구 사양했다. 나는 하이킹 동안 마실 충분한 물을 가지고 왔으며, 하이킹을 마치고 나면 물품을 쉽게 구할 수 있는 도심지로 돌아간다. 그러나 만일 내가 노동자분들의 환대를 그냥 받는다면 이분들은 한 주 동안 줄어든 자원 속에서 인내하며 지내야 할지도 모르기에 한사코 거절할 수밖에 없었다. 만약 이분들을 만날 줄 알았다면, 내가 음식을 가져왔을 것이다. 하지만 끊임없이 이어지는 권유와 따뜻한 환대에 결국 차 한 잔을 받아들였다. 그들과 잠시 대화를 나누며 사막의 베두인 가정에서 받았던 환대가 떠올랐다.

미니멀리즘

천막, 카펫, 단검, 주전자, 냄비 그리고 음식을 만들기 위한 몇몇 재료들.

이것이 사막의 베두인 집에 있는 소유물의 전부이다. 사막 사람들의 집에 방문할 기회가 있다면 그들의 단출한 소지품에 놀랄 것이다. 어떻게 이런 물건들만으로 생활할 수 있을까? 미니멀리즘의 정수를 보는 듯하다. 하지만 이들과 며칠만 함께 살아본다면 생각이 달라질 것이다. "이렇게도 살 수 있구나. 아니, 이런 환경에서는 이렇게 사는 것이 당연하겠구나." 자연스럽게 그들의 삶의 방식에 동감하게 될 것이다.

베두인들의 주거 지역인 사막은 일반적인 자원은 물론이고, 생존 필수품인 물조차 쉽게 얻기 힘들다. 더욱이 극심한 무더위로 인해 음식을 오랜 기간 보관하거나 비축하는 것이 불가능한 지역이다. 그렇기에 그들은 날마다 먹을 적당한 양의 음식을 가축이나 주변 환경에서 구해야 하는 고충을 겪는다. 계절에 따라 가축에게 적합한 초지와 물을 찾아 이동하거나, 정착한 지역의 자원이 고갈되면 새로운 목초지를 찾아 떠나는 것이 그들의 숙명이다. 이처럼 생존을 위해 시기마다 주기적으로 이동해야 하는 삶 속에서, 베두인들은 이동에 불필요한 요소들을 하나씩 제거하며 단순한 삶의 방식을 유지한다. 불편한 환경 속에서 진정으로 필요한 것들만 남기는 법을 터득하며, 필요

없는 것은 아예 처음부터 소유하지 않는다. 그 결과 잦은 이동을 통한 지혜로 베두인들은 미니멀리즘의 달인이 되었다. 이는 단순히 소유를 줄이는 것이 아니라, 생존을 위한 본질적인 선택이자 지혜다.

인류가 머물기에 적합하지 않아 오랫동안 매우 극소수의 사람들만이 살아왔던 이 땅에서 그들이 생존한 비결은 무엇일까? 상상할 수록 경외심이 절로 생긴다. 척박한 환경 속에서도 세대를 이어온 그들의 강인함과 지혜는 그저 놀랍기만 하다. 한편으론 '익숙해지면 어디든 살기 편해진다지만, 그래도 사막보다는 더 나은 환경이 많을 텐데, 왜 다른 곳으로 이주하지 않았을까?'라는 궁금증도 생긴다. 이러한 궁금증은 도시에서의 정착 생활에만 익숙하여 사막에서 거주하는 가치에 무지한 필자의 배경에서 비롯된 부적절한 질문일지도 모르겠다. 또한 사막이 주는 매력을 알지 못한 채로, 단순히 생존의 고난과 척박한 환경만을 떠올린 결과일 수 있을 것이다.

유적지의 소중한 문화유산을 보존하기 위해 열악한 환경 속에서 묵묵히 일하고 있던 세 명의 노동자들처럼, 사막의 베두인도 겉으로는 척박함과 한계 속에 근근이 살아가는 것처럼 보일지 모른다. 그러나 과연 우리가 그들의 삶 속에서 무엇을 놓치고 있는 것일까? 숨겨진 비밀은 무엇이며, 우리가 보지 못한 가치는 무엇이 있을까? 이러한 질문들은 필자를 다시금 사막의 깊숙한 곳으로 끌어당기며 새로운 시각을 열어주기 시작했다.

"사막에서는 물 한 방울이 금보다 소중하다."
"사막의 물은 값을 매길 수 없는 보물이다."

사막의 사람들에게서 느낀 표면적 미니멀리즘의 직관적인 교훈은 자원이 극히 제한된 상황에서 주어진 자원을 효율적으로 극대화하는 것이다. 자원 하나하나가 소중한 이곳에서는 생존에 반드시 필요한 것이 무엇인지 깊이 고민하게 된다. 최소한의 자원으로 최대한의 효과를 내기 위한 혁신적인 해결책을 끊임없이 찾아야 하기 때문이다. 특히, 끊임없이 이동해야 하는 유목 생활에서는 몸을 가볍게 하는 것이 생존의 필수 조건이다. 불필요한 소지품은 배제하고 필수적이고 실용적인 것만 선택해야 한다. 짐을 꾸릴 때마다 그들이 지금 소유한 물건들이 정말로 필요한 것인지 되묻는 과정을 끊임없이 반복해야 한다. 자원이 제한된 상황에서 소지품 하나하나를 더 줄이기 위해서 철저한 검증이 이루어진다.

이러한 검증을 통해 '이것이 없다면 내 삶에 어떤 영향을 미칠 것인가?'를 한 번 더 자문해 본다. 또한 시간의 흐름 속에서도 변하지 않는 본질에 해당하는 것인지, 아니면 일시적 유행과 감정에 따른 선택인지 점검한다. 즉각적인 만족을 추구하려는 감정이 아닌 지속 가능한 필요성의 관점에서 자신이 소유한 것을 다시 검토한다. 이 과정에서 삶에 반드시 필요한 것Need과 있으면 좋지만 없어도 큰 지장이 없는 것Want이 철저히 구분된다.

과잉으로부터의 해방

짊어지고 가야 할 가방의 무게를 줄여주는 미니멀리즘적 정리를 마치고 나면 자연스레 마음의 가방을 살펴보게 해준다. 사막의 오아시스에서 실천하는 미니멀리즘은 단순히 소유를 줄이고 자원을 절약하는 방식을 넘어, 삶을 단순화하고 본질적인 가치에 중점을 두는 방향으로 나아가게 해준다. 그동안 삶의 여정 속에서 우리가 알게 모르게 마음의 보따리에 넣어 두었던 수많은 감정을 꺼내어 다시 살펴본다.

- 최종 목적지까지 잘 도착할 수 있을지에 대한 불안감
- 작은 실패가 곧 큰 위기로 이어질 수 있다는 두려움
- 힘든 여정을 계속 이어가야 한다는 원망과 분노
- 왠지 나만 힘들다고 느껴지는 자기 연민과 패배감
- 다른 사람들이 더 나은 길을 가고, 옆 팀원이 탁월해 보일 때 느껴지는 비교와 질투
- 목표에 집착한 나머지 팀원들에게 지나친 완벽을 강요하며 스스로에게도 강박을 부여하는 마음
- 리더와 동료에게 과도한 기대를 품었다가 실망으로 돌아오는 감정

그간 끊임없이 앞으로 전진만 하다 보니 감정의 피로를 풀 시간이 없었다. 그렇게 쌓인 감정은 어느덧 커다란 무거운 짐이 되어 우리의 발걸음을 무겁게 만든다. 다음 여정을 시작하기 전, 이번에는 감정에 대해 무엇을 취하고 무엇을 내려놓을 것인지 새롭게 정리하면서 마음속 깊이 쌓인 감정의 무게까지 정리하는 시간을 갖는다. 몸과 마음을 가볍게 만들어주는 미니멀리즘적인 정리의 과정은 우리에게 필요하다고 여겼던 많은 것들이 사실은 무거운 짐에 불과했다는 사실을 일깨워준다. 그리고 육신과 정신을 가볍게 하는 오아시스와의 주기적 만남의 필요성도 알려준다. 이 고뇌의 과정을 통해 얻는 단순함은 다른 사람들과 비교하며 끊임없이 더 많은 것을 좇는 과소유의 유혹에서 우리를 자유하게 하는 마음의 근육을 키워준다. 미니멀리즘적인 정리는 단순히 적게 소유하려는 생존 전략이 아니라, 단순함을 통해 내가 누구인지, 어디로 가야 하는지, 그리고 삶의 진정한 중요 가치들은 무엇인지를 발견하고 선택하는 행위이다.

사막은 과잉을 허용하지 않는 공간이다. 오직 필요한 것만 남기고 모든 것을 단순화하도록 강요하는 곳이다. 더 많은 것을 소유하고, 더 많은 정보를 소비하며, 더 큰 욕망을 채우려고 하는 과잉적인 현대 사회와 대척점에 서게 만드는 곳이다.

이곳에서 맞이하게 되는 미니멀리즘은 결핍이 아닌 과잉으로부터의 해방이다. 불필요한 것들을 내려놓고 앞으로의 여정을 위한 본질만을 남기는 전환점이다. 사막의 중간 거점인 오아시스에서 불필요한 감정을 정리하며 얻게 되는 가벼움으로 진정한 만족과 새로운 에너지를 얻어야 할 것이다. 이제 임시 거점에서 머물렀던 생활을 정리하며 이 단순함을 갖춘 리더로 새로운 여정을 시작해 보자.

Section 4.

연결

리더십의
귀결

13 이너서클

Limen

와스다 واسطة

- 새로운 카테고리의 법인을 설립하는 과정에서 두 부처가 서로 상대 부처의 승인을 먼저 받아오라고 요구하는 난감한 상황에 직면했다. 양쪽 부처 담당자들이 완강하게 입장을 고수하자, 내가 알고 지내는 분들 중에서는 가장 영향력 있는 현지인 아저씨를 찾아갔다.

- 사건이 접수되어 경찰서에 가야 하는 이웃이 함께 가달라며 도움을 요청하자, 해당 경찰서에 가기 전 –비록 그 지역 관할은 아니지만– 지인 경찰에게

전화 한 통을 넣는다.

- 한국의 시장개척단으로부터 현지 정부 부처와의 미팅을 잡아 달라는 부탁을 받아서, 해당 부서에 전화하고 메일을 보내기 전에 먼저 지인들의 친인척 중에 관계자가 있는지 수소문한다.

- 서울국제도서전에 주빈국으로 참여하게 된 아랍에미리트의 정부단과 협력하고자 담당 직원과의 만남은 건너뛰고 에미라티 최고 매니저를 만났다.

중동에서 살아가면서 나의 일 처리 방식은 자연스럽게 변화할 수밖에 없었다. 만일 본국에서 이렇게 일을 처리했더라면, 비판받거나 심각한 문제가 되었을 것이다. 그러나 사막의 땅에서 본국에서 해오던 방식대로 일을 진행했다면, 해결이 지연되거나 영영 해결하지 못할 상황이 부지기수였을 것이다.

이러한 변화의 핵심에는 '와스다'라는 독특한 문화가 자리하고 있다. '중간자', '영향력', 혹은 '인맥 동원'으로 번역될 수 있는 이 단어는, 개인적 인맥과 지인의 영향력을 활용해 특정 목적을 이루는 것을 의미한다. 와스다의 힘은 사소한 일부터 중요한 결정에 이르기까지 삶 전반에 깊이 뿌리박고 있다.

예를 들어, 관공서에서 결제 스탬프를 받기 위해 긴 대기열에서 기다리다 간신히 담당 직원을 만난다고 해도, 돌아오는 답변은 "다음 주에 다시 오세요." 일 때가 많다. 그러나 와스다만 있다면, 긴 줄을 설 필요도 없고, 다음 주에 다시 방문하는 수고도 없이 즉시 해결될 수 있다.

와스다는 구직 활동에서도 강력한 영향력을 발휘한다. 화려한 이력서나 우수한 학력보다 더 중요한 것이 바로 와스다의 연결이다. 그의 한마디로 채용 여부가 결정되기도 한다. 당연히 결혼 상대를 찾는 일에서도 와스다는 결정적 역할을 한다. 사막의 땅에서 와스다 문화는 굵직한 사회적 이슈부터 일상의 소소한 일들까지 깊숙이 스며들어 있다.

이러한 와스다의 기원은 사막 사회의 생존 전략과 부족 중심적 문화에서 찾을 수 있다. 가혹한 자연 환경 속에서 살아온 사막의 민족들에게 협력과 상호 의존은 선택이 아닌 필수적인 생존 방식이었다. 부족 공동체는 하나의 운명 공동체로서 연대와 신뢰를 기반으로 긴밀한 관계를 유지했으며, 이 과정에서 자연스럽게 중재와 조정의 역할이 중요한 사회적 자산으로 자리 잡았다. 한데 모여 사는 부족 가운데에선 결혼, 경제 분쟁, 명예 문제 등 다양한 문제가 발생할 수밖에 없다. 공식적인 법적 기구가 없었던 상황에서는 이를 해결하기 위한 중재자의 역할이 필수적이었다. 부족의 지도자는 공정하고 신뢰받는 중재자로서 갈등을 해결하고 조율하며, 부족 내 질서와 화합을 유지했다. 이 중재 과정이 오늘날 와스다의 전통으로 발전하게 되었다.

명예를 절대적인 가치로 여기는 사막 사회에서 누군가를 돕는 와스다는 명예로운 행동으로 인식되었으며, 특정 갈등 상황에서 중재자의 개입은 양쪽 당사자의 명예를 보호하고 체면을 유지하는 중요한 방식이 되었다.

예컨대 결혼 중재의 경우, 한쪽 집안이 결혼을 직접 제안했다가 상대방이 이를 거절하면 결혼을 제안한 집안의 명예는 큰 타격을 입을 수 있다. 특히 좁은 부족 사회 내에서는 한 번의 명예 실추가 해당자 외에 다른 가족원의 결혼 기회까지 완전히 날려버릴 수도 있다. 이때 와스다는 중간에서 의사를 조율해 결혼을 성사시키거나, 상황을 원만히 마무리해 애초에 없던 일로 만들기도 한다. 와스다의 역할은 단순한 중재를 넘어 쌍방이 '윈윈'할 수 있도록 조정하는 데 있다. 중재자는 혹시 발생할 수 있는 리스크를 스스로 감당하며, 당사자들이 명예와 이익을 동시에 지킬 수 있도록 돕는다.

또한 와스다의 영향력은 단순한 조정을 넘어 사회적 신뢰의 연결망을 구축하는 데 핵심적인 역할을 했다. 특히 혈연 중심 사회에서 외부인을 받아들일 때 서류 기반의 공식 검증 시스템이 아닌, 와스다의 보증이 그 사람의 자격과 신뢰성을 증명하는 중요한 수단이었다. 공식 기록이나 법적 서류보다 와스다의 추천이 훨씬 더 강력한 효력을 발휘하며 비공식 인사 검증 시스템으로 활약했다.

역사적으로 부족 간의 분쟁에서도 와스다는 핵심적인 해결 수단이었다. 공권력이나 사법 기관이 부재했던 사막 사회에서는 불안정한 법적 시스템에 의존하기보다는 신뢰할 수 있는 중재자를 통해 분쟁을 원만히 해결하고 자원을 공정하게 분배하는 것이 더 현실적이었다. 와스다는 이처럼 공동체의 화합과 평화를 유지하기 위한 효율적이고 신뢰할 수 있는 대안이 되었다.

그래서 사막에서는 '무엇을 아는가'보다는 '누구를 아는가'가 삶의 질을 결정하는 가장 중요한 핵심 요소가 되었다.

부족원 되기

사막에서 정착을 시작하던 초창기 시절, 나는 문화센터를 운영하기 위해 현지인 소유의 건물을 임대했다. 집주인은 여러 부동산을 소유한 지역 유지였으며, 그의 건물들은 아랍계 직원이 맡아 운영하고 있었다. 이 관리인은 매달 임대료를 받으러 올 때마다 건물 구석구석을 점검하며 깨끗이 사용할 것을 지시했다. 때로는 지나가는 길에 불쑥 들러 마당의 나무에 물을 더 주라는 등 사소한 지시들을 서슴지 않았다. 처음엔 그러한 모습을 관리인의 꼼꼼함과 충실함으로 이해하려 했다. 하지만, 시간이 지날수록 그는 마치 주인처럼 행세하며 자잘한 명령을 끊임없이 늘어놓았다. 결국 그의 방문은 매번 긴장과 설전으로 이어졌다.

그러던 어느 날, 나는 집주인 아저씨의 마즐리스에 초대받아 그와 함께 차를 마시고 있었다. 주인과 담소를 나누던 그때, 관리인이 무언가 결제를 받기 위해 마즐리스에 들어왔다. 그리고 거기서 집주인과 나란히 앉아 있는 나를 발견했다. 그 순간 관리인의 표정이 미묘하게 변하는 것을 느낄 수 있었다. 사실 집주인의 건물을 임대한 외국인 임차인은 많았지만, 그들이 건물주와 직접 마주하는 일은 전무했다. 모든 임대 과정은 관리인을 통해 이루어졌고, 외국인 임차인에게 주인은 보이지 않는 권위자일 뿐이었다. 그리고 관리인은 임차인을 건물주와 절대 연결을 시켜주지 않아 더더욱 만날 일이 없었다. 그런데 내가 지금 주인분과 독대하며 앉아 있었던 것이다. 특별한 이유로 집주인과 직접 만나고자 수소문하여 발품을 판 수고와 무모함 덕분에 그를 만날 수 있게 되었고, 그 인연을 발전시켜 나가고 있었다.

관리인은 주인과의 관계를 눈으로 확인한 이후부터 나를 대하는 태도가 눈에 띄게 바뀌었다. 이전의 까다로움은 사라지고, 그의 말투와 행동은 한결 부드러워졌다. 물론 여전히 다혈질적인 성향이 드러날 때도 있었다. 간혹 또다시 고약한 주인 행세를 할 때면, 나는 조용히 "이 문제는 내가 직접 주인에게 이야기하겠다."고 말하며 상황을 정리하곤 했다. 그러면 그는 언제 그랬냐는 듯 미소를 지으며 괜찮다고 하면서 물러났.

집주인의 친구로 인정받은 그날 이후, 관리인과의 지긋지긋한 언쟁은 종지부를 찍었으며, 나는 마침내 고단했던 초기 정착 시절의 큰 고비를 넘길 수 있는 '치트키' 하나를 손에 쥐게 되었다.

중동 현지에서 책을 출판하기로 하였다. 현지 사회에서 신뢰를 얻고자 하려는 의도가 깔려있었기에 그 나라 쉐이크^{Shiekh}들의 저서를 출간한 현지에서 가장 신뢰받는 출판사와 계약을 관철시키며 긴 여정을 시작했다. 책이 세상의 빛을 보기까지 10개월 간의 정부 검열과정까지 거친 이후 마침내 출판되었다.

외지인이 중동에서 서적을 출판하는 것은 매우 드문 일이었다. 그래서인지 책이 나온 후 쉐이크께 책을 헌납하면 좋겠다는 현지 친구의 조언을 듣게 되었다. 나는 그 제안을 듣자마자 전적으로 동의하여, 그녀에게 쉐이크와의 연결을 부탁했다. 그러나 그녀는 다소 난감해하며, 그냥 아이디어일 뿐 자신이 직접 연결해 줄 방법은 없다고 했다. 몇몇 다른 친구들에게 물어봤지만, 쉐이크와 연결될 연줄을 가진 사람은 찾기 힘들었다.

그래서 결국 나는 직접 행동에 나섰다. 책을 손에 들고 무작정 왕궁으로 찾아간 것이다. 당일 쉐이크를 만날 거라는 큰 기대는 하지 않았지만, 왕궁 입구에서 경비대와 이야기를 나눌 기회는 얻었다. 방문 이유를 설명하고 신분증을 맡긴 뒤 경비대는 사무실로 들어갔고, 한참 후 나와서 별다른 설명 없이 신분증을 돌려주며 그냥 가라는 제스처를 취했다. 그렇게 하나의 단순한 해프닝으로 끝날 것 같은 사건은 결국 하나의 씨앗이 되었다. 2주쯤 지나 왕궁의 비서실로부터 연락을 받게 되었다.

"쉐이크께서 왕궁으로 당신을 초대하고 싶어 하십니다."

그날 나는 온 가족과 함께 한복을 정갈하게 차려입고, 선물과 출판한 책을 들고 왕궁을 방문했다. 쉐이크와의 만남은 마치 꿈 같았다. 그는 우리를 따뜻하게 맞아주었고, 자신의 농장에서 기른 올리브와 오일, 꿀 등의 특산품을 답례로 선물해 주었다. 함께 책을 기념하며 사진도 찍었다.

이후 그 사진은 이후 나에게 현지에서 신뢰를 얻는 강력한 치트키가 되었다. 처음 만난 현지인에게 나를 소개할 때 명함 대신 쉐이크와 찍은 사진을 보여주었다.

"저는 여러 직업을 가지고 있는데 그중 하나로 작가로도 활동하고 있습니다. 이곳에서 출판한 책이 바로 이겁니다."라고 설명하면서 쉐이크랑 찍은 사진에서 책만 확대하여 보여준다. 책의 내용을 설명할 때, 그들은 내 휴대폰을 가까이 가져가 책을 자세히 들여다보았다. 그 과정에서 사진 전체가 노출되고, 쉐이크와 함께 있는 모습을 확인한 그들은 눈빛이 달라졌다.

"당신은 어떻게 왕궁에서 우리 쉐디크와 사진을 찍었습니까?"

대형 행사장 같은 곳에서 우연히 찍은 것이 아닌 왕국에서 찍은 것에 대해 의아해하며 경위를 묻는다. 그러면서 때로는 부족장인 쉐이크와 함께 하는 당신이 나보다 더 큰 사람이라고 말하며 급격히 친밀감을 표현하는 사람들도 있었다. 그 순간, 나는 그들이 나를 부족원으로 받아들이기 시작했다는 강한 느낌을 받았다.

그렇게 쉐이크는 내가 그 사회 깊은 곳으로 들어갈 수 있도록 도와준 와스다가 되었다. 와스다의 인정은 또 다른 검증의 과정을 생략하게 해주었고, 현지인들은 나를 자연스럽게 신뢰하며 마음을 열어 받아주기 시작했다. 이후 나를 신뢰하는 현지인이 또 다른 현지인에게 나를 소개해 주면서 그들의 이너서클 안으로 들어가는 것이 수월해졌다.

"아랍 친구 한 명을 사귀면 천 명의 친구를 얻는다.في صديق عربي واحد تجد ألف صديق"라는 오래된 사막의 격언이 나의 삶 속에서 실현되고 있었다.

사막의 접대 문화를 처음 접한 외부인들은 대개 크게 감동받는다. 상다리가 부러질 것 같은 융성한 대접, 시종일관 손님을 최우선으로 섬기는 극진한 환대는 누구나 마음을 사로잡기에 충분하다. 이들은 자신이 어느새 사막 가족의 일원이 되었다고 착각할 수 있다. 그러나 이것은 섣부른 생각이다. 사막의 환대 문화와 진정한 가족이 되는 과정은 전혀 별개의 것이다. 그래서 이곳 사람들의 마음에는 두 개의 문이 있다고 말한다.

첫 번째 문은 손님을 맞이하기 위해 활짝 열려 있는 문이다. 사막의 사람들은 방문객을 천사로 여기며 기꺼이 환대하고, 한순간도 부족함이 없도록 섬긴다. 그러나 이와 동시에 그들의 마음 깊은 곳에는 또 하나의 문이 존재한다. 두 번째 문은 자신의 부족과 자원을 보호하기 위해 외부와 선을 긋는 폐쇄적 문이다. 이 문은 아무에게나 쉽게 열리지 않는다. 첫 번째 문을 통과하는 것은 어렵지 않다. 누구나 환대를 받으며 사막 사람들과 즐거운 교제를 나눌 수 있다. 하지만 그 안쪽에 있는 원, 즉 이너서클에 들어가기 위한 두 번째 문을 열고 들어가는 것은 전혀 다른 이야기다. 이 문은 문지기 역할을 하는 부족장이나 와스다를 통해서만 열릴 수 있다.

와스다는 이너서클의 신뢰받는 멤버이자, 외부인의 합류를 결정하는 문지기 역할을 맡는다. 외부인을 신뢰할 수 있다고 판단하고 추천해야만 두 번째 문이 열리고, 그때서야 비로소 외부인은 이들의 진정한 가족으로 받아들여진다.

이너서클의 요건

와스다는 단순한 중재자를 넘어 두 세계 사이를 연결해 주는 가교이자 사막의 인플루언서이다. 그는 관습과 문화적 장벽을 넘어 서로 다른 세계를 이어주는 다리 역할을 한다. 와스다는 조직 내 이너서클의 핵심 멤버로, 내부자가 될 가능성이 있는 잠재적 외부인을 발굴하고 인정하는 역할을 수행한다. 와스다가 한 사람을 인정하는 순간, 그는 더 이상 손님이 아니다. 그 순간, 이방인의 딱지는 떨어지고 그는 부족의 일원이 된다. 와스다의 인정은 단순히 개인적인 신뢰를 넘어서 그 사람을 부족 전체와 연결시키는 강력한 힘을 발휘한다. 그리고 이 과정에서 새롭게 인정받은 사람은 또 다른 와스다로 거듭나게 된다. 그는 새롭게 인정받게 된 곳과 자신이 본디 속한 부족을 연결하는 또 다른 가교가 되는 것이다.

그렇다면 어떻게 와스다로부터 인정을 받을 수 있을까? 여기서는 한 조직에서 와스다로 되는 것보다 다른 부족의 와스다에게 인정을 받아 내가 원래 나고 자란 부족과 이후에 내가 인정받게 된 이웃 부족을 연결하는 와스다가 되는 과정에 대해 살펴보겠다.

사막의 부족들은 폐쇄성과 개방성의 절묘한 균형을 통해 생존과 세력 확장의 이중 전략을 실현해 왔다. 가혹한 환경 속에서 살아남기 위해 부족은 혈연을 기반으로 한 강한 내부 결속과 정체성을 구축했다. 이는 외부 위협에 효과적으로 대응하기 위한 생존의 보호막 역할을 했다. 하지만 생존만으로는 부족했다. 국력을 강화하고 더 많은 자원을 안정적으로 확보하기 위해, 부족들은 서로 간의 혼인 동맹을 맺으며 새로운 관계를 형성해 왔다. 사막에서는 그 누구도 혼자서는 살아남을 수 없다. 사막에 사는 누구나 다 알고 있다. 따라서 외부와 연결된 더불어 사는 삶은 생존과 번영을 위한 필수 전략이었다.

그러나 외부인을 내부인으로 받아들이는 일은 언제나 신중한 심사숙고의 과정을 거친다. 그 이유는 단 한 명의 외부인일지라도 그를 잘못 받아들이면 중요한 내부 정보를 유출하거나, 부족을 위험에 빠뜨릴 가능성이 있기 때문이다. 사막의 세계에서 이는 곧 전 부족의 말살로 이어질 수 있는 치명적인 결과를 초래할 수 있다. 따라서 외부인을 받아들일 때는 확실한 유익을 가져다줄 수 있는 사람인지, 그리고 잠재적 위험 요소가 철저히 제거되었는지 면밀하게 검토한다. 이 모든 조건을 통과한 사람만이 부족의 일원이 될 수 있다. 이 과정은 시간이 오래 걸릴 수도 있고, 때로는 무수한 검증 단계를 요구하기도 한다. 하지만 부족에게 신뢰란 생존의 핵심이자 유일한 생명줄이기 때문에, 절대 서두르지 않는다.

쉐이크는 왜 필자를 자신의 왕궁으로 초대했을까? 쉐이크가 나를 왕궁으로 초대한 이유는 단순한 호기심 이상의 것이었다. 여러 이유가 복합적으로 작용했겠지만, 첫 번째 이유는 신뢰의 기반이었을 것이다.

나는 그 나라에서 가장 신뢰받는 출판사와 계약했고, 정부의 까다로운 검열 과정을 모두 통과한 후에 책을 출판했다. 출판사는 이 지역에서 출판할 때 유의할 점을 세심하게 안내해 주었다. 그들의 지침에 따라 원고를 수정했다. 이후 정부 검열기관에 제출된 원고는 수정해야 할 부분들이 표시되어 되돌아왔다. 몇 차례 수정을 거친 후에야

　마침내 최종 승인을 받았다. 그 과정은 마치 제품의 품질인증 절차를 밟는 것과 같았다. 모든 위험 요소가 제거되고, '이 책은 우리의 방향성과 같은 안전한 것입니다'라는 신뢰의 인증을 얻게 된 셈이다.

　또 다른 이유는 작가라는 희소성이다. 이 지역에서 책을 출판하는 사람은 극히 드물다. 사막의 사람들은 환경적 요인으로 인해 인쇄 매체보다 구전 문화에 익숙했다. 말과 노래로 역사를 전하고 전통을 이어가던 이들에게 책을 집필한다는 것은 특별한 일이었다. 부족장과 같은 일부 핵심 지도자들을 제외하면 책을 출판한 사람은 거의 전무했다. 따라서 사막에서 책을 출판하려는 사람은 매우 희소가치가 있는 인물로 평가된다.

　더욱 중요한 것은 책의 내용이었을 것이다. 이 책은 현지인과 외부인 모두에게 유익을 줄 수 있는 메시지를 담고 있었다. 책의 부제인 '오해의 사막을 건너 이해의 오아시스에 도착하기Crossing the Desert of Misconception and Arriving at the Oasis of Understanding'에서 내용을 유추해 볼 수 있는데, 외국인의 시각에서 익숙지 않은 중동 아랍 문화를 이해하기 위해 씨름했던 과정과 깨달음을 기록한 것이다. 험난한 과정을 통해 사막에서 진주를 발견하듯, 이곳의 귀한 가치를 발견하며 쓴 책이었다. 이것은 외부인들에게는 선입견과 고정관념을 제거하는 가이드북, 현지인들에게는 자신들이 가진 소중한 것들을 다시 상기시켜 주는 일종의 거울 같은 책이었다. 이 책은 마치 중동과 다른 세상을 연결하는 와스다와 같은 역할을 했다. 아랍인들이 억울하게 오해받고 있는 부분을 대변하고 그들의 진면목을 세상에 전달하는 역할도 하게 된 책이었다. 부족 입장에서도 필자를 이너서클에 합류시켰을 때 확실한 유익을 가져다줄 사람으로 판단했을 것이다. 이런 맥락에서 왕궁 초대는 부족 신뢰의 상징이 되었다.

현지의 일반 주민들은 내가 어떤 출판사와 계약했는지, 그 출판사가 얼마나 인지도가 높은 곳인지 아는 사람은 매우 드물었다. 출판사가 쉐이크의 대표작을 발행한 곳이라고 설명해야만 겨우 감을 잡는 정도였다. 출판만으로는 현지 사회에 깊이 들어가는 데 한계가 있었다. 그러나 출판사는 나를 쉐이크와 연결해 준 와스다가 되어 주었고, 쉐이크는 전 부족원들과 나를 연결해 준 와스다가 되어 주었다. 결국, 하나의 작은 연결이 더 큰 세상으로 나아가는 길을 열어준 셈이었다.

이너서클의 양면성과 와스다의 숙명

이너서클로 받아들여진다는 것은 특권이다. 그럼에도 불구하고 이 특권이 독이 될 수도 있다는 사실을 간과해서는 안 된다. 이너서클은 본질적으로 폐쇄적 성격을 지닌 집단이다. 그들은 내부의 결속과 보호를 우선시하기에, 다양한 의견을 배제하고 소수의 이익만을 추구하며 집단 이기주의로 변질될 위험을 늘 안고 있다. 내부의 불투명한 구조는 권력의 독점을 불러오기도 하고, 때로는 부패와 갈등의 원흉이 되기도 한다. 또한 의도적으로든 우연하게든 이너서클에 받아들여진 사람은 내부인이 되기 위한 노력 속에서 본연의 자아를 잃어버릴 수 있다.

나 역시 현지인들을 이해하기 위해 기존의 사고방식을 버리고 그들의 과거를 복기하며, 그 속에서 형성된 가치관들을 나의 일부로 받아들이려 노력해 왔다. 그 결과로 종종 "당신은 정말 우리와 똑같다"라는 현지인들의 칭찬을 들었다. 그것은 이너서클 멤버로서 받을 수 있는 최고의 칭찬이었다. 하지만 그 말은 동시에 경종을 울리는 메시지처럼 들렸다.

와스다로서의 역할은 단순히 그들처럼 되는 것이 아니다. 내가 그들처럼 되어야 그들에게 메시지를 던질 수 있는 메신저가 될 수 있다는 것도 있지만, 본연의 정체성을 온전히 유지할 때만이 두 세계를 연결할 수 있는 진정한 와스다가 될 수 있는 것이다.

와스다는 두 세계의 경계선에 서 있는 메신저이다. 나는 당신들 편이라는 것을 확실히 주지시켜 주면서 외부의 관점과 입장을 대변하고, 당신은 본연의 정체성을 상실했다는 말을 들을 정도로 현지 사회에 동화된 상태에서 부족 내부의 입장을 외부에 대변해 주어야 한다.

초반에는 두 세계를 넘나드는 이러한 역할 속에서 정체성의 혼란을 겪기도 한다. 두 세계 어디에도 완전하게 속하지 못하는 외로움을 느낄 수도 있다. 그럼에도 와스다는 이러한 고독을 감수하며 본인의 확실한 정체성을 유지한 채 두 세계의 경계선상에 서 있어야 하는 숙명을 지니고 있다. 이는 결코 쉬운 일이 아니지만, 이 숙명을 따를 때만이 진정한 가교이자 통로로 살아갈 수 있다. 마치 과거 카라반 상인들이 상품과 문화를 교류시켜 지역 간 번영과 상생의 길을 열었던 것처럼, 와스다 또한 두 세계를 연결해 상호 이해와 협력을 이끌어내는 중개자이자 촉매자로의 역할을 할 수 있다.

지금 당신이 서 있는 땅과 본래 정체성이 깃든 본향을 잇는 와스다가 되어 서로의 이너서클을 넓혀가는 사막의 리더가 되어보자. 누구를 만나고 누구와 연결되느냐에 따라 당신이 도착할 오아시스가 달라질 수 있음을 기억하자. 때로는 고단한 현실이 앞을 가릴지라도 미래의 약속을 떠올리며 오늘의 여정을 기꺼이 견디어 보자. 그 약속은 당신을 앞으로 나아가게 하고, 끝내 가장 풍성한 오아시스로 이끌 것이다.

14 전적 수용

Surrender

질서의 기준

앞서 사막인들의 환대의 상징인 마즐리스에 대해서 설명했듯이 누구든 사막 출신의 아랍 친구에게 초대를 받는다면 극진한 환대를 받을 것이다. 집 마당에 들어서면 도착만을 기다린 것처럼 안내자가 열렬한 환영 인사와 함께 회동 장소로 친절히 인도한다. 실내인 마즐리스 안으로 들어서면 온 가족이 일렬로 서서 손님을 맞이하며 환영한다. 포옹과 볼 맞대기의 아랍식 인사가 자연스럽게 이어지고, 모든 인사를 마친 후 자리에 앉는다. 가족의 가장 큰 어르신께서 손님들의 자리 배치를 해주신다. 손님으로 온 그룹의 부족장 격인 가장이나 연장자는 현지 가정의 가장 어르신의 옆자리로 인도받는다. 어르신들이 지정된 자리에 착석하면 그제서야 나머지 일원들도 자리에 앉는다. 이후 가족의 막내나 가사 도우미분이 웰컴 차를 제공한다. 차를 마시는 동안 집주인 어르신께서 따뜻한 환영의 말과 함께 안부를 묻고 대화를 시작한다. 대화는 주로 연장자들의 주도로 진행이 되는데, 전체적인 분위기는 마치 집주인의 어르신이 토크쇼의 진행자이고, 손님들은 게스트이며, 그리고 나머지 가족분들은 방청객인 것 같다. 이야기를 나누는 동안 온 가족들은 지루함의 내색 없이 시종일관 집중하며 경청한다. 한참의 대화(외지인의 관점에서)를 마치고 이제는 떠나야겠다고 생각할 때쯤 식사를 청한다. 성대하게 차려진 음식을 먹는 동안 집주인은 더 많은 음식을 맛볼 것을 권유하신다. 마치 오랜 타지 생활을 마치고 돌아온 자녀에게 조금이라도 더 먹이려는 부모처럼, 식사를 마칠 때까지 더 먹으라는 권유는 계속된다. 식사를 마치고 나면 후식과 함께 담소를 이어간다. 서비스 평점이 만점인 고급 레스토랑에서 코스요리를 먹는 것 같은 이 모든 과정은 아랍 친구 가정을 방문할 때마다 보게 되는 모습이다. 아랍의 환대는 모든 가족 구성원들이 마치 예행연습이라도 한 듯이 일사불란하게 움직이며 각자의 역할을 완벽히 수행한다.

이러한 이들의 손님 접대에는 다른 곳에서 느낄 수 없는 독특함이 있다. 풍성한 음식들을 통해 방문자들에게 아낌없이 베푸는 배려를 넘어서는 무언가가 있다. 그것은 이 모든 환대의 과정이 집안 어르신을 중심으로 질서 정연함 속에 이루어진다는 것이다. 일반적으로 손님을 맞이할 때는 방문자가 주인공이 되어 최고의 대접을 받기 마련이다. 하지만 사막 사람들의 환대는 외부자인 방문자를 위한 섬김의 헌신과 노고 속에 내부자인 집안 어르신에 대한 깊은 존경과 사랑이 함께 담겨 있다. 어느 것이라고 꼭 집어 말하기는 힘들지만, 이를 한 번쯤 경험한 사람이라면 집안 어르신에게 집중되는 듯한 공기의 흐름을 느낄 수 있다. 어쩌면 이는 부족주의 문화의 배경을 지닌 사회에서 외부인이 느끼는 낯설음일 지도 모르겠다. 손님에 대한 극진한 배려와 더불어 집안 어르신을 중심으로 형성된 가족의 깊은 유대가 사막인들 특유의 환대 미학을 만든다.

부족주의 정체성을 지닌 사막 사람들 사이에서는 마즐리스의 전체적인 흐름뿐만 아니라 거의 모든 결정이 가족의 최고 어르신인 부족장의 의견에 따라 이루어진다. 인생의 중대한 결정일수록 그 영향은 더욱 두드러진다. 예를 들어 결혼의 경우, 배우자를 정할 때 당사자의 선호와 의견보다 부족장이 최종 선택권자로서 결정적인 의견을 낸다. 결혼이 가족과 가족 간의 만남이라고 하는 측면에서야 이해할 수 있지만, 아무리 그래도 한 개인의 삶에서 가장 중요한 문제를 당사자의 의사와는 상관없이 타인의 결정에 전적으로 의탁하는 것은 우리의 시각으로 볼 때에 쉽게 받아들이기 어렵다. 그러나 이들은 어르신의 결정을 전적으로 따른다. 결혼 당사자들은 자신들이 보지 못하거나 놓치는 부분들도 어르신들이 아실 거라고 생각한다. 납득이 될 만한 설명을 하지 않더라도 어르신의 생각과 의견이 자신들의 것보다 훨씬 크고 옳다고 여긴다. 그래서 결혼할 사람에 대한 사랑보다 집안 어르신의 의견을 신뢰하며 자신의 미래를 그들의 결정에 맡긴다.

이러한 집단주의와 부족주의 문화의 관습을 듣고 있으면 어떻게 해서 부족장을 향한 절대적인 신뢰가 형성되었는지 의문이 생긴다. 내가 외국인이기에 가족과 부족의 체면을 세우려고 의례적으로 한 말이라기에는 그들의 진정성이 너무나도 강하게 느껴진다.

인플루언서 부족장

부족장을 향한 이러한 존경은 어디에서 비롯된 것일까? 왜 이들은 부족장의 말을 전심으로 따르게 되었는가? 어찌하여 자신이 죽기 살기로 동경하는 인기 스타를 바라보듯 부족장의 열혈 팬이 되었을까? 사막 친구들의 모습 속에서 이러한 물음들을 던져 보게 된다. 단순하게 자신이 태어난 곳의 최고 어르신이기에 자연스럽게 따르게 된 것일까? 리더의 필요성을 느끼더라도 다른 사람을 택할 수 있는 가능성은 없었을까? 사회적 분위기가 한 사람을 리더로 몰아가기에 진정한 나의 리더로 수용한다기보다 형식적으로만 따르고 있는 것은 아닐까? 혹여나 내게 주어진 리더를 받아들이기 싫다면 부족원들은 어떻게 할 것인가? 이렇게 꼬리에 꼬리를 무는 질문들이 나로 하여금 사막에서 부족장이 어떻게 리더로 받아들여지는지 그 과정과 배경을 관찰하게 만들었다. 단순한 권위의 계승이 아니라, 존경과 신뢰가 어떻게 형성되는지 그 내면을 더 깊이 들여다보고 싶어졌다.

사막에서 자란 사람들도 외지의 보통 사람들처럼 한 가정에서 태어나 부모의 보살핌과 보호 속에서 성장한다. 어린 시절, 한 가정의 울타리 안에서 시작되는 삶은 부모를 통해 생존의 기술을 하나씩 배워가는 과정으로 이어진다. 일정 나이가 되면 아이들은 식량을 채집하거나 사냥하는 법, 강렬한 햇빛과 급격하게 변하는 일교차로부터 자신을 보호하는 방법, 가축을 돌보거나 유목 생활을 위해 이동하며, 자원을 관리하는 법 등을 아버지와 어머니로부터 직접 배우게 된다.

이 모든 생존 기술은 학교가 아닌 가정에서 이루어지기 때문에 부모는 동시에 선생의 역할을 하게 된다. 이러한 과정 속에서 사막의 어린이들에게 부모는 전인적인 리더로 자리매김을 하게 된다. 이는 강한 결속력을 가진 여느 가정에서 볼 수 있는 모습으로 보일 수도 있다.

그러나 사막에서 자란 사람들에게는 여기에 또 하나의 중요한 특징이 더해진다. 극한 사막의 환경 속에서 혈육으로 구성된 확장된 가족들이 함께 모여 사는 부족 중심의 공동체 생활이다.

하나의 부족은 생존을 위해 서로 협력하고, 물과 식량을 공유하며, 견고한 연대를 이루며 살아간다. 개인이 홀로 자급자족하며 외부의 침입으로부터 방어하며 살아가기에는 너무나도 취약한 환경이기에, 모든 부족원이 운명을 함께하는 공동체의 일원으로 긴밀하게 연결되어 서로 영향을 주고받는 것이다. 그래서 혈연을 기반으로 공동체를 이루어가는 것이 사막 환경 속에서의 가장 기본적인 생존 양식이 되었다.

이 공동체 생활의 정점에는 부족장이 있다. 부족장은 가족을 넘어선 공동체 전체의 수장으로, 모든 구성원에게 강력한 지도력과 통솔력을 행사한다. 어린 시절 부족의 아이들은 단순히 부모님의 말씀만 잘 듣는 것만으로는 삶의 규칙이 모두 해결되지 않는다는 사실을 자연스럽게 느끼게 된다. 때로는 부모가 어떤 문제에 대해 자녀에게 즉각적인 답을 주지 못하고 지체되는 경우를 보게 된다. 이때 부모님은 어떻게 해야 할지를 스스로 고민하는 것이 아니라, 부모보다 더 높은 권위로부터 지시와 통제를 받는다는 것을 보게 된다. 사막에서는 가족이라는 작은 단위가 부족이라는 상위 공동체로 연결되고, 그 부족은 부족장의 지시와 결정 속에서 질서 정연하게 움직이는 것을 몸소 체득하며 성장한다.

이러한 배경 속에서 집안 어르신의 무언의 눈짓 하나만으로도 정렬되게 움직이는 아랍의 환대를 바라볼 수도 있을 것이다. 또한 부족장이 제시하는 방향성에 따라 부족원들이 일사불란하게 움직이는 것들도 마찬가지일 것이다. 그래서 부족의 일원으로 태어난 사람들에게 부족장의 권위는 단순한 명령이 아니라 전 공동체의 질서와 안정을 지켜나가는 핵심이 된다. 결국 사막에서 태어난 사람들은 어릴 때부터 자연스럽게 부족장을 자기 삶의 일부로 받아들이는 과정을 경험한다. 부모가 부족장의 지시를 따르고, 모든 친인척이 부족장에게 충성을 다하는 모습을 반복적으로 접하면서, 부족장을 따르는 것은 자연스럽게 개인에게 주어진 당위성이자 삶의 기본 조건이 된다. 부족장은 단순한 리더가 아니라 공동체 전체를 이끄는 구심점이며, 그 권위는 사막 사람들의 가족과 문화, 정체성의 중심에 깊이 뿌리내리고 있다.

수용과정

사막 생활에서 공동체의 중심이자 지도자인 부족장에 관한 이야기들을 하나둘씩 듣기 시작했다. 그는 고질적인 식량 부족 문제를 해결하기 위한 전방위적인 해결 방안을 가져왔다고 한다. 외부의 빈번한 침입에서 부족을 보호하고, 부족원들 간의 다툼을 중재하며 전체 공동체가 항시 잘 정비된 상태를 유지하는 중요한 역할을 해왔다. 그의 지도력 덕분에 우리 부족의 브랜드 파워가 지역 내에서 눈에 띄게 상승했다는 평가도 이어지는 등 수많은 성공 신화를 나열한다. 부족장에 관한 수많은 증인의 고백은 현재의 부족장이 얼마나 능력 있고 탁월한 리더인지를 증명해 준다. 지금 모든 부족원들이 누리고 있는 평화로운 삶이 거저 주어진 것이 아님을 기억하며 부족장에게 감사한 마음이 생긴다. 그래서 새로운 멤버들은 기존 구성원들처럼 그를 리더로 자연스럽게 받아들인다. 그가 우리 부족을 위한 최고의 지도자임을 아무런 의심 없이 인정한다. 그러던 어느 시점이 되면 부족장이 한 개인의 중요한 사건에 개입하게 되는 상황과 마주하게 된다. 평상시 소소한 문제들은 가족 내에서 해결되었는데, 직장과 결혼과 같은 인생의 중대사에 관한 결정에는 그가 직접 관여한다.

이 대목에서 필자는 다시 한번 의문을 갖게 된다. 분명 부족주의 정체성이 강하게 작동하는 사회에서도 중대사에 대한 외부자의 개입에 대해 반발심을 가진 이단아가 분명히 있을 거라 생각된다. 아무리 리더로 여기며 살아왔지만, 그동안 직접적인 교류가 거의 없었던 부족장이 내 사건에 개입을 넘어 최종 결정자처럼 되는 것이 불편하게 느껴질 수도 있을 것이다. 특히 내 선호와 다르고 이해가 되지 않은 결정을 던져 버린 부족장의 발언은 더더욱 그를 배제할 정당성을 갖게 해주어서 이참에 그로부터 완전한 독립하게 되는 가상 시나리오도 생각해 보았다. 참으로 신기하게도 사막의 사람들 중에서 이렇게 생각하는 사람들은 아직까지 만나보지 못했다. 부족장으로부터 독립해 자신만의 길을 가겠다는 생각은, 부족주의 정체성의 영향을 받지 않고 성장한 외부인들이 그들의 상황을 자신의 관점에서 상상한 것에 불과하다. 실제로 이들은 그런 생각을 전혀 하지 않았다.

필자는 중동 현장에서 젊은 현지 친구들에게 공통적으로 묻는 질문 중 하나가 "부모가 반대하는 결혼을 할 수 있느냐"는 것이다. 윗세대에게 그 질문을 던지면 마치 정해진 것처럼 천편일률적인 대답이 돌아온다. 이에 반해, 변화하는 시대 속에서 윗세대와는 다른 환경에서 성장하고 새로운 시대를 맞이하는 젊은 세대에게서는 색다른 답이 나오지 않을까 하는 외부자다운 호기심으로 그들에게 질문을 던져보는 것이다. 분명 시간이 더 흐르면, 보다 다양한 답변이 나올지도 모르겠다. 그러나 지금까지 들은 대답은 언제나 한결같았다. 모두가 집안 어르신의 결정을 신뢰하고 따르겠다고 했다. 아무리 상대가 좋더라도 어른의 뜻을 어기면서까지 결혼을 강행하지는 않겠다고 한다. 중동권 내의 정치적 변화와 오일머니로 인한 급격한 환경 변화 속에서 이들의 정체성에도 큰 변화가 일어났을 것이라 예상했지만, 외부자의 시선에서 본 변화와 내부자가 실제로 겪는 변화 사이에는 간극이 있다는 것을 깨달았다. 완전한 변화까지는 여전히 더 많은 시간이 필요할 것이다.

그리고 외부자로서 이들의 의사결정 시 중요하게 고려되는 사항을 놓치고 있다는 것을 발견하였다. 이것은 결혼할 당사자들만 바라보는 미시적 접근만을 하고 있었다는 것이다. 부족주의의 울타리 밖에 있는 외부자로서 결혼에서 가장 중요한 것은 아무래도 당사자들이 어떠한 사람이며 그들이 가지고 있는 선호가 무엇이냐는 점일 것이다. 한국에서는 보통 개인의 선택에 따라 결혼의 여부를 결정하지만 부족주의의 사람들은 한 개인만을 중시하는 미시적 접근이 아니라, 부족 전체 속에서 자신을 바라보는 다른 접근을 하고 있었다. 이들에게 결혼은 단순히 개인 간의 사랑이나 결합이 아니라, 가문과 공동체의 지속과 번영을 위한 사회적 계약을 필수적인 것으로 여긴다. 이를 통해 혈통을 보호하고 유지하거나, 가문 간의 연대와 동맹으로 사용하여 부족의 지위를 높이는 도구로 사용한다. 혼인을 통해 자원의 재분배와 통합 과정을 거쳐 경제적 번영을 도모하기도 한다. 이러한 복잡한 맥락에서 전반적인 상황에 관해 총체적인 이해를 지닌 부족장의 결정을 받아들이게 되는 것이다. 한 개인과의 밀도 있는 교류는 부족하더라도 누구보다도 뛰어난 거시적인 안목을 지닌 사람이 부족장이다. 부족장은 결혼한 상대의 가족과 친인척, 심지어는 이미 고인이 된 윗세대들의 상황과 가풍까지 전방위적으로 파악하고 있다. 또한 혼인 상대 가문의 과거와 현재는 물론이고 어떠한 지향점으로 미래를 꿈꾸고 있는지까지 꿰고 있다. 이러한 폭넓은 정보를 바탕으로 부족장은 자신이나 결혼 대상자들의 개인적인 이익에 치우치지 않고, 상호 이익과 공동체의 조화를 고려한 최선의 선택을 제시한다. 개인의 운명이 곧 공동체의 운명과 연결된 부족 사회에서, 부족장의 선택은 최고의 결정으로 신뢰를 받으며 자연스럽게 수용된다.

그동안 주변인의 삶을 통해 부족장의 선택 과정을 간접적으로만 보아오던 사람도, 이제는 자신이 직접 그 결정의 결과를 체험하게 된다. 무리 중 일원으로 부족장을 대하다가 부족장과 독대 만남을 경험하게 된다. 이는 공동체의 집단적인 분위기에 휩쓸려 따르던 것을 넘어, 자발적으로 부족장을 자신의 지도자로 온전히 받아들이는 전환점이 된다. 중요한 삶의 문제에 관해 그분께 선택권을 완전히 위임하며,

자신의 인생을 부족장의 인도에 온전히 맡기게 된다.

부족원이 부족장을 나의 리더로 수용하는 데에는 크게 3가지 단계가 있다.

첫 번째는 주변인들로부터 얻게 된 부족장에 관한 막연한 정보들이다. 부족장은 깊고 풍부한 지혜와 연륜을 바탕으로 부족 내 다양한 상황에서 통찰력 있는 의견과 판단을 제시하는 인물이다. 그는 부족원들의 생명과 안전을 위해 어떠한 상황에서도 앞장서서 부족을 이끄는 책임감을 가지고 있는 지도자이다. 또한 부족장은 부족원들 간의 갈등을 조율하고, 공정하고 정의로운 결정을 통해 부족 내 화합과 결속을 이끄는 조정자의 역할을 한다. 동시에 부족의 전통과 문화를 보존하며, 이를 다음 세대에 전수하는 데 매진하는 자이다. 위의 내용을 토대로 부족원들은 부족장을 신뢰하고 존중하며 부족의 안위를 위한 가장 중요한 존재로 인식한다.

두 번째 단계는 사건을 통한 직접적인 관계 형성이다. 부족장이 한 개인의 일상적 사건에 개입하면서 그 사건에 대해 구체적이고 실제적인 방향성을 제시한다. 이 과정에서 부족장이 전달하는 것은 부족원 전체가 따라야 할 보편적이고 일반적인 지시 사항이 아닌, 지극히 개인적이고 나만을 위한 메시지이다. 부족장과 나 사이에 직통 라인이 형성되며, 개인적인 관계가 시작된다.

마지막 단계는 행동을 통한 신뢰 형성이다. 부족장으로부터 부여받은 개인적인 메시지를 실제 행동으로 실천하는 것이다. 부족장의 지침에 대해 의심하거나 망설이는 순간이 있을 수도 있지만, 결과적으로는 그 지침을 따라 상황을 보게 된다. 그리고 어느 정도의 시차를 두고 그 행동의 결과를 직접 확인하는 시간을 갖는다. 그 결과를 통하여 나의 생각보다 더 지혜로운 부족장의 판단과 결정을 더욱 신뢰하게 된다. 이후 부족장이 내리는 새로운 지침에 대해서는 지체하지 않고 즉각적으로 따르게 된다. 이러한 행동은 단순한 순종이 아니라 깊은 신뢰의 표현이기도 하다.

이로써 나에게 부족장은 내가 속한 부족의 정책을 제시하고 이끌어가는 집단의 리더를 넘어 나라는 개인의 리더로 받아들여진다. 부족장에게도 나는 수많은 부족원 중 이름도 모를 한 구성원이 아니라닌 그가 이끌어가야 할 소중한 존재로 확인된다.

최종 단계

처음에 이러한 사막의 리더십 아래에 있는 사람들을 보면 위태롭게 여겨졌다. 이들이 내적인 고민의 시간을 생략하고 외부의 압력에 떠밀려 행동하는 것처럼 보였기 때문이다. 개인적인 선호나 의견과 상관없이 조직의 질서를 위해 희생하는 느낌이 들었고, 집단에서 중시하는 것을 무조건적으로 수용하는 것이 순종을 넘어 맹종에 가까워

보였다. 결국 시간이 지나면 자신의 삶을 주도하지 못한 것을 후회하지 않을까 우려되었다.

그러나 이는 외부인의 시선에서 갖는 오해일 뿐이었다. 시간이 흘러도 사막의 사람들은 부족 어르신의 결정에 따른 것에 대해 미련이나 후회가 전혀 없었다. 여러 세대에 걸쳐 전통적인 방식으로 결혼한 사람들에게 물어본 결과는 명확했다. 심지어는 이혼을 한 사람들조차 결별의 원인을 다른 곳에서 찾았을 뿐, 부족장의 매칭 실수로 여기지는 않았다.

리더십은 리더가 영향을 끼치는 정도에 따라 단순히 구성원들을 통제하여 비자발적으로 외부적인 행동만을 이끌어내는 초보적인 단계부터 리더가 지닌 비전과 성과를 넘어 전인격적으로 존경함으로 리더의 가치가 조직뿐만 아니라 개인의 삶에까지 영향을 미치는 최종단계까지 다양하게 존재한다. 이러한 단계에 따라 동일한 위치에 있는 리더라도 구성원에게 미치는 영향력은 천차만별이다.

그래서 리더는 자신이 특정 지위를 부여받았다고 해서, 구성원들이 처음부터 자신을 전적으로 지지하며 따를 것이라 생각하면 오산이다. 세상으로부터 부여받은 직급은 리더가 팀을 한번 만들어 볼 기회를 주는 것이다. 기회가 허락된 시간 동안 리더가 어떻게 하느냐에 따라 영향력이 커질 수도 있고, 반대로 무늬만 지도자인 형식적인 리더로 전락할 수도 있을 것이다. 간단하게는 의사소통, 동기부여, 문제 해결 등 업무에 관한 능력과 성품과 인격 등을 종합한 리더 자체와 그가 제시하는 비전에 따라 조직원들의 반응을 네 가지의 경우로 예상할 수 있다.

1. 리더와 비전 모두 안 좋을 경우, 구성원들은 다른 리더를 찾아 떠난다.
2. 리더는 안 좋지만 비전은 좋을 경우, 조직과는 별개의 개인적인 성과와 영광을 추구하다가 어느 시점이 되면 구성원들 하나둘씩 다른 리더에게로 발길을 돌린다.
3. 리더는 좋지만 비전이 안 좋을 경우, 구성원은 조직 안에 계속 남을지라도 그 속에서 다른 비전을 찾기 위한 씨름을 한다. 리더를 향한 사랑과 존경은 그대로 가지고 있지만, 자신에게 맞는 비전을 찾기 위해 작별을 고하는 이들도 드물게 생겨난다.
4. 리더와 비전 모두 좋을 경우, 구성원은 리더를 전적으로 따르며, 결국 그와 어깨를 나란히 하는 또 다른 리더로 성장한다.

위의 내용을 고려해 볼 때, 사막의 리더는 부족원들에게 최고의 비전을 제시하며, 최고의 영향력을 행사하는 지도자로 자리매김했음을 확인할 수 있다.

그는 "영원히 목마르지 않을 샘물로 인도해 주겠습니다.", "늘 푸른 초장으로 인도하겠습니다.", 혹은 "사망의 음침한 골짜기로 지나게 될지라도 여러분과 항상 함께하겠습니다."라며 혹독한 환경에 필수적인 비전을 제시한다. 동시에 단순히 말로만 비전을 제시하는 리더가 아니라, 비전을 행동으로 증명하며 구성원들의 전폭적인 신뢰를 얻는 존재였다.

외부인의 시선에는 위태롭게 보였던 사막 리더십은 사실 리더와 팔로워가 도달할 수 있는 가장 이상적인 최종 단계에 있었다. 내가 이를 불안하게 여긴 이유는 리더십의 최종 단계를 직접 경험하지 못해서 이런 단계에 이르는 것이 불가능하다고 여긴 선입견 때문이었다. 또한 세상에는 완벽한 리더가 없기에 언제든 생존 포트폴리오를 여러 군데로 걸쳐 놓아야 안전하다는 생각 때문일 것이다. 그러나 이제 의심이 해소되고 나니, 리더와 팔로워의 최종 단계에 도달한 이들이 부럽다.

옥석 가리기

사막은 리더들의 진가를 판별하기에 최적의 현장 중 하나이다. 사막의 극한 환경은 사람을 쉽게 이기적으로 만들 수 있으며, 나조차 생존이 어려운 환경에서 리더의 선택과 행동을 통하여 그가 어떤 사람인지 명확하게 확인할 수 있다.

그가 자신만을 위해 행동하는 사람인지, 본인의 가족만을 우선적으로 챙기는 사람인지, 구성원 전체를 진심으로 아끼는 사람인지, 혹은 자신의 성공을 위해 추종자를 필요로 하는 사람인지가 여실히 드러난다. 생존을 위해 최소한의 자원을 사용해야 하는 사막은 리더가 진정으로 중요하게 추구하는 가치가 그대로 드러나는 무대가 된다. 사막은 리더로 하여금 자신의 민낯을 확연히 드러나게 만드는 곳이다.

따라서 비전만 좋다면 구성원들이 따라줄 거라는 생각은 사막에서 통하지 않는다. 아무리 뛰어난 방향 감각을 지니고 다음 오아시스까지 가는 길을 잘 아는 달인일지라도, 구성원들과 진정한 가족으로 거듭나는 통과의례의 과정을 겪지 않고서는 결코 사막 리더십의 최종 단계에 이를 수 없다. 이러한 환경은 리더 자신이 진정 어떤 부족장인지에 관한 성찰의 기회를 갖도록 한다.

리더를 따르는 구성원들도 마찬가지다. 사막에서 특정인을 지도자로 받아들인다는 것은 자신의 목숨을 맡긴다는 것을 의미한다. 지도자의 선택에 따라 다음 오아시스까지 무사히 도착할 수도 있고, 그렇지 않으면 사막 한복판에서 주검으로 묻힐 수도 있다. 따라서 리더를 수용한다는 것은 단순히 지시를 따르는 것이 아니라, 삶의 모든 것을 위임하며 그를 전적으로 신뢰하는 결단의 과정이다. 나의 인생에서 얻을 성취물과 열매뿐만 아니라 내 목숨까지 그에게 의탁하는 것이다. 사막이라는 극한 환경에서는 리더의 운명이 곧 자신의 운명과 직결되기 때문에, 생명의 가치만큼 리더를 따르게 된다. 리더가 구성원들에게 온전히 헌신하듯 구성원들도 리더에게 온전한 위임이 있어야 함께 생존할 수 있는 것이다.

사막에서 리더로 받아들여진 관계는 단순한 의무적 복종을 넘어, 리더 자체를 존경하고 절대 신뢰하는 리더십의 최종 단계로 발전한다. 구성원들은 리더의 가치 체계를 전심으로 받아들이며, 리더와의 관계는 깊은 헌신과 일체감으로 이어진다. 결국 사막 리더십의 본질은 단순한 비전 제시와 명령을 넘어, 구성원들의 신뢰와 진심 어린 헌신을 기반으로 한 완전한 관계에서 최고의 영향력을 발휘하게 된다.

리더에 관한 옥석 가리기가 끝났다면, 이들처럼 그를 전적으로 수용해 보자.

그가 인도하는 오아시스까지 전 인생을 바쳐 전심으로 따라가 보자.

15 로드마스터

ReMaster

소진시키는 사막

사막에 들어서면 바람이 모든 것을 지워버린다. 모래 위에 남겨진 발자국조차도 금세 사라지고, 짙은 태양 아래 남아 있던 흔적들은 말라버린다. 이곳에서는 물 한 방울조차도 오래 머무르지 못한다. 사람이 아무리 움켜쥐려 해도 사막의 바람은 모든 것을 흩어놓는다. 나무가 뿌리를 내리기 어려운 이 척박한 땅에서 인간도 마찬가지다. 하루를 마치고 나면 가지고 있었던 모든 에너지가 하루를 위해 남김없이 소진된다. 이곳에서는 무엇을 쌓고 저장한다는 개념이 무의미하다.

 그래서 사막의 사람들은 무언가를 축적하지 않고 그때그때 필요한 것을 잠시 손에 쥐었다가 바로 사용하며 살아갔다. 사막의 환경은 기본적인 생필품의 가용성을 불안정하게 만들었고, 잉여 자원을 보관하기보다는 즉시 활용하도록 강요했다. 끊임없이 이동해야 하는 유목민의 특성으로 자원을 한 곳에 저장하고 보관하는 것은 현실적으로 불가능했다. 집을 지어도 이내 모래바람에 덮이고, 곡식을 저장해도 한순간의 열기와 건조함이 그것을 부패시킨다. 그래서 낙타와 염소, 필요할 때 교환할 수 있는 무역품 등 함께 이동할 수 있는 것이 가장 중요한 자산이 되었다. 이들은 저축 대신 순환하는 부를 선택하여 가축의 증식이나 교환을 통해 부를 관리하였다.

또한 부족을 중심으로 함께 무리를 이루며 살아왔던 삶의 방식은 자연스럽게 공동체 중심의 경제로 이어졌다. 사막에서는 한 사람이 부자가 된다고 해서 그 부를 혼자 독점할 수 없었다. 부족과 가족이 함께 살아가는 곳에서는 서로 나누고, 베푸는 것이 당연한 문화였다. 부족의 일원이 어려움을 겪으면, 그의 친척과 이웃이 도왔다. 누군가 재산을 쌓아두면 그것이 부족 전체로 흘러갔다. 이것이 바로 사막의 경제이자 저축의 방식이었다.

이러한 전통은 여전히 사막 현지인들의 삶에 뿌리 깊게 자리잡고 있는 것 같다. 그래서인지 그들은 외부인의 관점에서 보자면 이해하기 어려울 만큼 저축에 대해 무심하다. 물론 이곳에 널리 퍼진 이슬람 종교에서 이자 수입을 금기시하는 요인도 있을 수 있겠지만, 미래의 불확실성에 대한 불안을 해결하기 위해 돈을 모으고 재산을 축적하는 현대인과는 상반된 모습을 가지고 있다. 이들은 무언가 쌓으면 쌓을수록 불안은 더욱 커질 수 있다고 여긴다. 저축은 더 안전한 미래를 위하여 더 많은 돈을 원하게 만드는 끝없는 굴레이며, 밑 빠진 독에 물을 붓는 것과 같다고 생각한다. 저축은 한순간에 사라질 터져 버릴 수 있는 웅덩이와 같다고 경고한다. 이러한 사고는 아직 오지 않는 시간을 현재로 끌어와 굳이 스스로를 불안 속에 가두는 착각에 빠지지 않도록 해준다.

그들에게 중요한 것은 내일을 위해 쌓아두는 것이 아니라 오늘을 온전히 살아가는 것이다. 그들은 오늘을 온전히 살아가고, 내일의 걱정은 내일에게 맡긴다. 그들은 오늘의 태양 아래서 가족과 함께 식사를 나누고, 가축을 돌보며, 바람이 불어가는 방향을 지켜보는 것이야말로 삶의 가장 중요한 본질이라 여긴다. 내일이 오면, 내일의 만나가 내릴 것이기 때문이다. 그래서 사막의 사람들은 미래에 대한 불안을 겪지 않는다. 미래를 준비하라는 강박에 초연하게 응수하고, 현재의 속도를 유지한다.

그래서 사막에서의 하루는 오직 일용할 양식만을 구하는 데에 집중된다. 무언가를 저축하고 저장할 수 없기에 그날의 양식만을 구하는 절제를 배운다. 그러나 이는 단순히 생존을 위해 먹을 것을 구하는 것이 아니다. 사랑, 희락, 화평, 관용, 긍휼, 자비, 양선, 분별, 온유,

인내, 절제 등 주변인들과 더불어 살아가는 데 필요한 마음의 양식도 함께 구한다. 혹독한 환경에서 이러한 가치가 매일 아침 새롭게 주어지지 않는다면, 미래의 불안과 염려가 그 자리를 대신하여 누구든 경직되게 만들 것이다. 마음의 양식이 부재하다면, 미래를 대비해야 한다는 강박 속에서 주변을 경계하기 시작한다. 끊임없이 주변을 스캔한다. 누군가가 자신의 자리를 빼앗을지도 모른다는 염려나 예상치 못한 위기가 닥칠지도 모른다는 불안이 그의 마음을 옥죈다. 사람들의 말투, 행동, 심지어 눈길 하나까지도 숨겨진 의도가 있는 것처럼 느껴진다. 그는 자신도 모르게 이웃들과 거리를 두기 시작한다. 익숙했던 관계조차도 어느 순간 경계의 대상이 된다.

'혹시 나보다 먼저 기회를 잡으려는 것은 아닐까?' '내 자리를 위협하는 것은 아닐까?' '이 사람이 나를 위하는 걸까, 아니면 이용하려는 걸까?' 이런 질문들이 머릿속을 가득 채우며 신뢰를 갉아먹는다. 어떤 말도 쉽게 믿을 수 없다. 웃음 속에서도 계산을 찾으려 하고, 호의마저도 의심의 필터를 거쳐야만 한다. 그는 마치 성벽 안에 고립된 사람처럼 스스로를 보호하려 하지만, 그 성벽은 결국 불안의 감옥이 되어가고 있다. 미래를 대비해야 한다는 강박은 그를 점점 타인을 믿지 못하는 사람으로 만든다. 지금 발밑의 단단한 땅을 디딜 수 있음에도, 스스로가 만들어 낸 불안은 그를 모래 위를 걷는 것처럼 흔들리게 만든다. 이처럼 사막은 언제든 우리의 마음속에 있는 긍정적인 요소들을 소진시키고, 생명이 사라진 듯한 메마르고 황량한 땅으로 우리의 마음을 현혹할 수 있다.

　사막은 모든 것을 소진시키는 공간이다. 사막에 들어서면, 인간은 자연스럽게 모든 것을 내려놓을 수밖에 없다. 삶을 채우기보다 비우는 곳, 무엇을 모으기보다 놓아버리는 곳이 사막이다. 축적할 수 없고, 간직할 수도 없는 이곳의 습성으로 많은 이들을 사막을 기피하기도 하지만, 동시에 동일한 이유로 사막을 찾는 이들도 있다. 그들에게 사막은 모든 것을 비우고 새로운 것으로 다시 채울 수 있는 공간이다.

　사막이 이런 이들에게 가장 먼저 선사하는 것은 기존에 영향을 주었던 세계로부터의 분리이다. 사막에 들어서면 도시에서의 일정과 규칙은 더 이상 의미를 갖지 않는다. 손목에 차고 있던 시계도 이제 무용지물이다. 태양의 위치가 시간이 되고, 별이 길을 안내한다. 물과 식량, 그리고 함께하는 사람들이 전부다. 돈을 쓸 필요도, 쓸 곳도 없다. 돈을 써야 하는 환경이 사라지면서 소비주의에서의 탈출이 시작된다. 사막에서는 세상의 가격표가 매긴 물질적 가치가 희석되며, 인간이 본래 지닌 가치가 다시금 떠오른다. 또한 끊임없이 쏟아지는 정보와 소음에서 벗어날 기회를 얻는다. 광고와 뉴스의 홍수에서 벗어나고, 사회적 네트워크에서 벗어나며, 고요 속에서 스스로를 바라보는 시간을 갖는다. 특정한 옷차림과 행동 방식, 사회적 기대와 타인의 시선으로부터 자유로워진다. 사람들은 결국 자신이 짊어지고 있던 모든 것들을 하나씩 내려놓으며, 비움의 미학을 경험한다.

사막의 진정한 선물은 단순한 해방이 아니다. 버렸음에도 불안하지 않은 곳, 이것이 사막이 주는 또 하나의 선물이다. 해가 지고 밤이 되면 낮 동안 수줍어하며 숨어 있던 별들이 하늘에 수를 놓기 시작한다. 도시의 인공 조명이 가려버린 빛들이, 사막에서는 맨눈으로도 선명히 펼쳐진다. 처음으로, 우리는 꾸밈없는 하늘의 민낯과 마주하며, 본래 그래야 했던 본질적인 모습을 발견한다. 사막을 찾은 이들이 내일에 대한 불안까지 모든 것을 완전히 소진시켜 버리면, 존재의 본질만 남긴 사막은 그제야 방문자들에게 질문을 던진다. "왜 그렇게 쌓으려 했을까?" "왜 그렇게 미래를 걱정했을까?" "왜 모든 것을 움켜쥐려고 했을까?"

모든 것이 소진된 자리에서, 사막은 우리에게 새로운 것을 채워줄 준비를 시작한다. 더 이상 불필요한 것을 움켜쥐지 않고 놓아 버린 우리의 손안에 넣을 다른 무언가를 준비한다.

채워지는 사막

히브리어의 '미드바르מִדְבָּר'는 '사막' 혹은 '광야'를 의미하는 단어로, 단순한 지리적 개념을 넘어 깊은 상징성을 지닌다. 본래는 목초지가 적은 땅 또는 사람이 정착하지 않는 땅을 뜻하며, 그 어원은 'from'을 의미하는 전치사 'מִן min'과 '말씀, 사건, 일'을 뜻하는 'דָּבָר davar'의 합성어에서 유래된다. 이는 곧 '하나님의 말씀을 듣는 장소'라는 상징적인 의미도 내포하고 있다. 광활하게 펼쳐진 사막을 바라보며 대자연의 주인 앞에 서 본 사람이라면 이 말을 실감할 수 있을 것이다. 사막은 인간이 철저히 단절되고 나약해질 수밖에 없는 공간이지만, 동시에 영적 훈련과 계시의 장소로 여겨진다. 외부 세계와의 연결이 끊어진 비움의 상태에서, 인간은 자신의 힘만으로는 생존할 수 없음을 깨닫는다. 이곳에서의 고독과 명상은 내면의 성찰을 가능하게 하며, 신과 자연의 음성을 듣는 통로가 된다. 광야에서의 시련과 성장은 결국 새로운 출발로 이어진다. 따라서 사막은 단순한 불모지가 아니다. 그곳은 하늘로부터 들려오는 말씀을 통해 깨달음과 변혁이 시작되는 곳이며, 본질적인 진리를 추구하고 발견하는 장소이다. 미드바르는 우리에게 세상의 소음에서 벗어나 깊은 통찰을 경험하도록 이끄는 공간이며, 가장 중요한 가치들로 채워나가는 무대이다. 미드바르인 사막은 그곳에서 일어나는 사건을 통해 들리는 이야기로 채워가는 곳이다.

이러한 사막에서 어떠한 음성을 듣고 무엇을 채워가느냐는 그것을 대하는 방문자의 마음가짐과 태도에 달려있다. 사막은 누구에게나 동등한 공간이지만, 마주하는 태도에 따라 어떤 이에게는 푸른 초장이 될 수도 있고, 다른 이에게는 음침한 골짜기가 될 수도 있다. 이 차이를 결정하는 것은 오롯이 그곳에 방문하는 사람의 몫이다. 광활한 자연의 거대함에 인간의 연약함을 인정하고 우리가 치열하게 붙잡으려 했던 것들을 내려놓을 때만이, 모든 것을 소진시키는 황폐한 광야 길에서 벗어나 풍성한 생명수가 가득한 오아시스에서 들려주는 사막의 이야기를 경청할 수 있게 된다.

- 사막으로의 초대는 결핍의 최절정으로 인도하여 리더에 대한 갈급함을 심어주었다.
- 방향 설정은 올바른 방향이 생존의 필수이며 이는 절대 상수가 되는 원본 자료(1차 자료)에 의해서 설정되어야만 한다.
- 시세 읽기는 변덕스러운 극한 환경을 있는 그대로 받아들이며 유연한 사고와 대처 능력으로 그 흐름과 동행하는 완급 조절로 사막을 통과하라고 말한다.
- 무한지평은 시공간이 주는 틀에 갇히지 말고, 사고의 확장으로 삶의 무대를 광활한 사막처럼 넓혀가라고 한다.
- 지속력은 포기를 모르는 인내를 발휘할 때 어떠한 불모지도 푸르른 오아시스로 만들 수 있음을 알려 준다.
- 솔선수범으로 내딛은 리더의 첫 발걸음은 사막의 고요함을 깨는 시작이다.
- 풍화작용인 서로 간의 부딪힘은 함께 빛나기 위한 통과의례이다.
- 정속주행은 조급함을 통제하며 가장 빠른 속도로 질주하는 방법이다.
- 중간기착지는 우리가 연연할 필요가 없는 임시 거점이며, 오아시스에 그어진 무형의 선을 존중하는 것이 상생의 법칙이라고 말한다.
- 맛본 자는 함께 경험한 작은 성공의 경험이 가속도를 내주는 모멘텀이 된

다고 말한다.

- 집단 지성의 마즐리스는 재정비의 거점이 된다.
- 미니멀리즘은 과잉으로부터 해방하여 본질로의 몰입을 인도한다.
- 이너서클은 두 세계를 잇는 상생의 통로가 된다.
- 전적 수용은 우리가 리더와 추구해야 할 궁극적인 관계의 모습을 보여준다.

사막은 우리에게 수많은 이야기를 들려주었다. 때로는 침묵 속에서, 때로는 거친 바람과 타오르는 태양 아래에서 우리는 사막이 전하는 메시지를 들었다. 여기에 담지 못하였지만, 책을 읽어 나가면서 개인적으로 얻게 된 영감이나 깨달음도 많을 거라 생각된다. 사막은 모든 이에게 각자의 방식으로 말하며, 그 메시지는 각기 다른 모습으로 마음속에 새겨질 것이다. 여하튼 사막의 이야기를 통해서 우리는 크게 세 가지와의 연결이 회복되면서 비워진 공간을 새롭게 채워가야 할 것이다.

첫째는 세상과의 연결이다. 사막을 지나온 리더는 더 이상 세상을 이전과 같은 시선으로 바라보지 않는다. 처음에는 횡단자의 세상이었던 사막이 모든 것을 앗아가는 황량한 공간처럼 보였지만, 그것은 나의 착각이었다. 사막은 도리어 비워진 자리마다 깊은 지혜와 깨달음을 채워주려는 의도를 갖고 있다. 사막은 횡단을 위해 매일 걸어야만 하는 필수적인 여정에 대한 압박에서 벗어나도록 이끌었으며,

깊은 사막에 숨겨진 보물 같은 이야기들로 우리를 채워갔다. 더 이상 물질적 풍요에 현혹되지 않고, 삶에서 더 깊은 가치를 추구하도록 만들었다. 이제 세상은 사막이 남긴 지혜를 실천해야 하는 무대로 변했다. 그는 사막과 세상을 연결하며, 그곳에서 배운 깨달음을 현실 속에서 실천하는 길을 걷는다.

두 번째는 이웃과의 연결이다. 사막은 고독을 가르치지만, 동시에 혼자서는 살아갈 수 없다는 사실 또한 가르친다. 극한의 환경 속에서 최고의 생존법은 혼자서만 살기 위한 독점이 아닌 이웃들과의 연대와 공존이다. 주변인들과 보폭을 맞추어 함께 걷고, 때로는 가장 연약한 자만큼 무능해지는 것이 나를 포함한 우리를 더욱 풍성하게 만든다는 것을 알려준다.

사막은 누구든지 언제나 환영하며 모든 것을 아낌없이 주었다. 이 사막의 이야기에 스며들면서 우리는 이웃을 사막의 횡단을 위한 도구적 동반자가 아닌 내 생명이라도 줄 정도로 사랑하는 대상으로 여기며 연결된다. 사막을 통과하는 동안, 생존이라는 명목으로 정당화했던 이기심은 점차 사라지고, 사랑의 대상을 확장시키며 비워진 마음을 이웃을 향한 사랑으로 채우게 된다.

마지막으로 새로워진 자신과의 연결이다. 사막은 우리를 철저히 고립시킴으로써 진정한 자아와 마주하게 한다. 우리가 진정 원하는 것은 무엇인가? 무엇을 위해 이 길을 걷고 있는가? 비워진 내면을 새롭게 채우기 위해서 우리는 자신과의 깊은 대화를 시작한다. 이 과정에서 사막은 세상 속에서 알게 모르게 조각난 마음들을 소멸시키고 내면을 정화한다. 사막은 마음속 어두운 잔재를 빛으로 바꾸고, 새로운 마음을 불어넣어 우리를 창조되었던 원래의 모습으로 온전하게 변화시킨다. 사막은 우리를 더욱 부드럽고, 더욱 유연하게, 동시에 가장 단단한 형태로 조각한다. 그 속에서 나는 나 자신을 있는 모습 그대로 받아들이며 새롭게 연결된다.

사막에서 새롭게 채워 넣어야 할 것은 단순한 물이나 물건이 아니라, 자신의 내면을 정리하고 새로운 삶의 방향을 찾는 과정 그 자체이다. '소유보다 존재', '소비보다 재생', '혼란보다 명확'. 사막을 지나온 자는 단순히 생존하는 것에 그치는 것이 아니라, 새로운 존재로 다시 태어난다.

Road Master: 사막을 넘은 자

사막은 그곳을 통과한 자에게 흔적을 남긴다. 그것은 단순한 발자국이 아니라, 영혼 깊숙이 새겨진 시간의 흔적이다. 뜨거운 태양 아래서 거친 바람을 맞으며, 사막의 고요 속에서 방향을 찾고, 끝없는 횡단의 지루함을 견디는 동안, 그는 자신을 이끌어줄 리더를 갈망했다. 그러나 사막은 쉽게 답을 주지 않았다. 대신 직접 그의 리더가 되어 길을 인도했다.

사막은 그를 단련시키는 스승이자 보이지 않는 안내자였다. 지평선 너머 끝이 보이지 않는 길에서 사막은 그를 부서뜨렸고, 목마름을 견디게 하며 하나하나 조각해 갔다. 때로는 사막의 침묵 속에서 방황하게 했고, 때로는 뜨거운 모래 위에서 한 걸음조차 떼기 어려운 순간을 주었다. 이는 단순한 시련을 넘어 그를 더욱 단단하게 만들어 가기 위한 과정이었다. 횡단자는 사막이 던지는 도전을 하나씩 풀어가며 점차 변해갔다. 고통 속에서도 길을 찾을 수 있는 법을 배웠고, 목마름 속에서도 견디는 법을 익혔으며, 끝없는 반복 속에서도 포기하지 않는 인내를 길렀다. 그리고 마침내 그는 사막 깊숙이 숨겨진 오아시스의 비밀을 발견하게 된다. 이는 갈증을 해소해 주는 단순한 생명의 샘을 넘어, 사막을 건너온 자만이 가질 수 있는 통찰과 지혜의 결정체였다. 이 모든 과정 가운데 사막은 절대 상수가 되어 횡단자의 곁에 늘 있었다.

이제 그는 이전과 똑같은 사람이 아니다. 그는 더 이상 길을 잃고 방황하는 자가 아니라 사막의 리더와 함께 길을 만들어 가는 자가 되었다. 그는 사막에게 자신을 맡기고 통과함으로 생명수로 인도할 수 있는 리더십의 자격증을 손에 쥐게 된 것이다.

사막에서의 삶이 이제는 익숙해질 즈음, 저 멀리 초록빛 대지가 눈앞에 서서히 모습을 드러낸다. 인간이 구축한 도시의 실루엣이 시야에 들어오고, 발끝 너머로 사막의 끝자락이 다가오고 있음을 깨닫는다. 오랜 시간 함께 했던 광활한 사막이 점차 뒤로 물러나고, 그는 마침내 떠날 시간이 다가왔음을 직감하게 된다.

나를 정금같이 단련시켜 준 사막이 너무나도 고마워서 막상 떠나려 하니 아쉬움이 남는다. 그러나 동시에, 이제는 긴 여정을 마치고 마침내 졸업할 수 있음에 기쁨을 느낀다. 이제는 쉬면서 그동안 고생한 것에 대한 보상을 누릴 것을 기대한다. 최종 목적지에 도달해 모든 여정이 끝이 났다고 생각할 무렵, 사막은 횡단의 끝자락에서 또 한 번의 가르침을 준다.

사막은 횡단을 위한 단순한 도전의 장소가 아니었다. 그것은 우리 자신을 단련시키는 훈련장이었으며, 이제는 그가 서 있게 된 현실 속에서 진정한 여정을 시작해야 한다는 것을 알려준다. 사막에서 길을 찾아내었듯, 이제는 사막이 가르쳐 준 리더와 함께 배운 것을 되돌아온 삶 속에서 실천하며 새로운 길을 찾아야 한다. 최종 목적지에 도착한 순간, 횡단을 완수한 자는 사막의 준 선물을 가슴에 품고 현실로 돌아가야 하는 새로운 여정의 문턱에 서는 것이다. 여정의 도착지는 사막의 리더십을 진정한 자기 것으로 내면화시키는 여정에 나서는 또 다른 시작점이 된다.

사막을 넘은 자가 또 하나 해야 할 일은 다음 세대를 위한 이정표가 되는 것이다. 리더란 단순히 나 홀로 길을 개척하는 사람이 아니다. 리더는 혼자서만 앞서 나가는 사람이 아니라, 자신이 걸어온 길을 나누며 다른 이들도 그 길을 걸어갈 수 있도록 안내하는 존재가 되어야 한다. 자신의 유산을 승계할 사람을 선택하고, 그들과 함께 다시 사막으로 들어가야 한다.

이미 정복한 길을 다시 걷는 이 과정은 단순한 반복이 아니라, 세대 간의 계승이 이루어지는 바톤존$^{Baton\ Zone}$이 된다. 릴레이에서 승부는 바톤존에서 결정된다고 해도 과언이 아닐 정도로 매우 중요한 구간이다. 이곳에서는 기존의 속도를 어느 정도 유지하면서, 다음 주자가 최대한 가속된 상태에서 바톤을 이어받아 나갈 수 있도록 해야 한다. 바톤을 얼마나 매끄럽게 주고받느냐에 따라 경기의 승패와 좌우되듯, 리더십에서도 이 과정은 필수적이다.

리더십의 측면에서 바톤을 넘겨받는 사람이 준비되지 않은 상태에서 무작정 달린다면 불필요한 시행착오를 겪어야 하고, 반대로 넘겨주는 사람이 너무 늦게까지 붙잡고 있으면 다음 세대들은 성장의 기회를 놓칠 수도 있다. 따라서 이전 세대는 다음 세대에게 지혜와 경험을 전수해 주는 바톤존을 마련해야 한다.

이미 마스터한 길을 다시 걷는 수고를 통해, 사막을 지나며 터득한 지속력과 방향 설정의 지혜, 솔선수범의 리더십과 풍화작용을 통해 길러진 내면의 단단함을 다음 세대에게 보여주어야 한다. 로드마스터는 그들에게 물을 나누어주고, 쉼을 제공하며, 무엇보다 사막을 두려워하지 않도록 도와주어야 한다.

그들이 동행의 의미를 아직 깨닫지 못하더라도, 로드마스터는 자신이 살아있을 동안에 누릴 수도 없는 그늘을 만들기 위해 나무를 심어야 한다. 물론 로드마스터가 동행해 주지 않더라도, 다음 세대는 사막으로부터 직접적인 가르침을 받을 것이다. 하지만 직접 경험해야 한다는 것만큼은 필수사항이다. 함께 걷는 과정은 기존의 로드마스터에게도 또 다른 차원의 깨달음을 준다. 그동안 사막이 우리를 어떻게 생각하고 받아들였는지, 아비가 자식을 품으며 가졌던 마음을 사막으로부터 느끼며 또 한 번의 성장을 경험하게 된다.

그리고 언젠가, 더 먼 길을 함께 걸어갈 수도 있겠지만, 바톤존의 영역이 끝나는 지점에서는 동행을 멈추고 다음 세대가 스스로 갈 수 있도록 떠나보낼 줄도 알아야 한다. 사막을 신뢰하며 맡김과 완전한 위임을 경험하게 된다.

사막은 누군가에게 의미 있는 사람이 될 때 그 인생이 가장 가치있고 행복하게 된다는 사실을 알게 해준다. 그렇기에, 사막 횡단을 마친 로드마스터들을 사막을 소개하는 사명자의 여정으로 다시 초청한다.

사막 횡단을 마친 로드마스터는 사막의 지혜와 가치들을 전해야 하는 여정이 기다리고 있다. 그리고 우리는 또다시 건너가야 할 새로운 사막과도 마주하게 될 것이다. 언제든 므래바람은 다시 불고, 새로운 도전이 항시 우리를 기다릴 것이다. 이 책을 덮는 순간, 당신 또한 다시 출발선에 서게 될 것이다. 그 출발선은 당신의 학교나 회사일 수도 있고, 가정일 수도 있고, 인생의 새로운 단계일 수도 있다. 반드시 기억해야 할 것은 사막을 건너본 자는 더 이상 사막을 두려워하지 않는다. 어디에서든 길을 찾을 수 있는 사막의 언어를 이해하는 사람이 되었음을 기억해야 한다.

이제 당신의 길을 떠나라. 그리고 언젠가 다시 사막을 만났을 때, 그것을 두려워하지 말고 기꺼이 맞이하라. 사막은 당신을 다시 성장하게 할 것이며, 당신은 또 한 번 사막을 통해 리더로 거듭날 것이다.

사막의 한 구간을 로드마스터한 자여!

당신이 보냄받은 자리에서 리마스터하는 리더로 살아가 보자.